Les forces du Protestantisme américain contemporain

PAR

VICTOR MONOD ET HENRI ANET

PARIS et BRUXELLES

1921

LES FORCES DU PROTESTANTISME AMÉRICAIN CONTEMPORAIN

Publié sous les auspices de la *Commission des Publications de la Fédération protestante de France.*

LES FORCES
du
PROTESTANTISME AMÉRICAIN
Contemporain

par

Victor MONOD
pasteur à Enghien-les-Bains

et

Henri ANET
pasteur à Bruxelles

avec une Préface du Rev. Ch. W. GOODRICH
pasteur de l'Eglise Américaine de Paris

Sceau du Conseil Fédéral des Eglises du Christ en Amérique

1921

PARIS
48, RUE DE LILLE
ÉDITIONS DE FOI ET VIE

BRUXELLES
11, RUE DE DUBLIN
LIBRAIRIE ÉVANGÉLIQUE

PREFACE

It is a privilege to add a prefatory word to a volume which so finely fulfils an admirable purpose. That there is something in the life of the Protestant churches of America which justifies such a study is certain; not that these churches excel Christian bodies elsewhere; but that, through the things in which they differ from churches of the Continent, they offer certain points of encouragement and suggestion.

It is a phenomenon, observed in connection with nearly every religious and benevolent institution transplanted from the old world to the new, that at once there has followed a rapid and varied development under the stimulus of a new social and political climate. Notably true has this been of the church. It has illustrated from decade to decade the old saying, —

« *Nothing is so changeable as Christianity* ». *Not that Christianity is unstable ; but that it is supremely vital ; capable therefore of infinite adaptability amid changing environments and before new demands.*

Of such a church life, as it has developed in the American soil and as it has proved its quality under the tests of the Great War, this volume gives a brief, but very just and comprehensive account. One finds in these pages, as one would expect to find, discernment, accuracy, thoroughness, a sense of proportion, a generous sympathy with the life and aspiration of the churches of which it treats. But what most distinguishes the book is the evidence on every page that the authors are writing of what they have seen and felt. It is not a church reconstructed by the study of reports and records that is here presented ; but a living church whose vital quality has been known by the authors through direct and sympathetic contacts.

The American reader will recognize the largeness of spirit with which the authors have dealt with their subject, touching lightly upon faults and dwelling upon excellencies, and the impulse will be felt now and again, in view of this generous appreciation, to bear testimony in response to the noble character of the historic Protestantism of France to which we in America owe so much : but any such comparative study falls beyond the limits of this volume. As it stands, an admirable interpretation to French and Belgian Protestant churches of the life of their sister churches across the Atlantic, this book will serve powerfully to enhance the mutual sympathy, and understanding by which our hearts and hands are strengthened for the building up of that abiding Kingdom which unites us all.

CHAUNCEY W. GOODRICH,
Pastor of the American Church, Paris.

TRADUCTION DE LA PRÉFACE

C'est un privilège pour moi que d'ajouter un mot de préface à un volume qui remplit si bien un admirable but. Qu'il y ait quelque chose dans la vie des Eglises Protestantes d'Amérique qui justifie cette étude, cela est certain — non pas que ces Eglises l'emportent sur les autres groupements chrétiens, mais les points sur lesquels elles diffèrent des Eglises du Continent offrent des éléments d'instruction et d'encouragement.

On a pu constater que presque toutes les institutions religieuses ou charitables, une fois transportées de l'Ancien monde dans le Nouveau, connaissaient un développement rapide et varié, sous l'action d'une nouvelle atmosphère politique et sociale. Cela s'est particulièrement vérifié à propos de l'Eglise. Chaque décade nouvelle a illustré le vieux dicton : « Rien ne change autant que la chrétienté. » Non pas que la chrétienté soit instable, mais elle est essentiellement vivante, douée par suite d'une puissance d'adaptation infinie au milieu de choses qui changent et devant des situations nouvelles.

De la vie des Eglises telle qu'elle s'est manifestée sur le sol américain, des qualités qu'elles ont montrées lorsque la Grande Guerre les a mises à l'épreuve, ce volume donne un compte rendu succinct mais juste et compréhensif. On trouvera dans ces pages ce que l'on est en droit d'espérer y trouver, à savoir du discernement de l'exactitude, une étude complète du sujet, le sentiment des proportions, une généreuse sympathie pour la vie et les aspirations des Eglises dont il est parlé. Mais ce qui caractérise avant tout ce livre, c'est que chaque page montre bien que les auteurs n'écrivent que ce qu'ils ont vu et senti (1).

Ils ne présentent pas ici une Eglise reconstruite artificiellement par l'étude de rapports et de docu-

---

(1) Les auteurs de ce volume ont, en effet, accompli tous deux des voyages extrêmement étendus aux Etats-Unis.

M. le Pasteur Henri Anet, né à Seraing (Belgique), Secrétaire Général de la Société belge de Missions protestantes au Congo, fit en cette qualité un voyage d'études en 1911 au Congo belge. Pendant la guerre, il fit fonction d'aumônier volontaire à Bruxelles, d'août à décembre 1914, puis fut envoyé en mission en Grande-Bretagne et en Irlande. Mais depuis le mois de septembre 1915 jusqu'en juin 1919, il vécut surtout aux Etats-Unis. Pendant ce séjour de près de quatre années, il parcourut en tous sens, comme prédicateur et conférencier, l'immense territoire des Etats-Unis. Il a visité personnellement 46 des 48 Etats de la Confédération américaine, présentant partout la cause de la Belgique. Il a visité également le Canada de Montréal à Vancouver.

M. le Pasteur Victor Monod, aumônier militaire, fut envoyé en 1917 avec M. le Pasteur Georges Lauga, par le *Comité protestant français* pour une mission de prédications et de conférences. Il visita successivement New-York, Washington, Buffalo, Detroit, Chicago, Minneapolis, Denver, San-Francisco, Los Angeles, Saint-Louis, Cincinnati, Montréal, Boston et Philadelphie. En 1918, il reprit ses fonctions d'aumônier militaire à la 37e division puis fut affecté, à la veille de l'armistice, à la *Mission militaire française auprès de l'armée américaine*. En cette dernière qualité il a été en contact avec un très grand nombre d'aumôniers militaires américains.

D'un commun accord, il a été décidé que M. Monod serait chargé d'écrire les trois premiers chapitres de cette étude, tandis que M. Anet consacrerait un quatrième chapitre aux *Eglises Américaines pendant la guerre*.

ments, mais une Eglise vivante dont les qualités vitales ont été reconnues par eux grâce à un contact direct et sympathique.

Le lecteur américain reconnaîtra la largeur d'esprit avec laquelle les auteurs ont traité leur sujet à ce fait que ceux-ci passent rapidement sur les défauts et s'étendent sur les qualités. Devant ces appréciations généreuses, il se sentira poussé çà et là à rendre témoignage au noble caractère du Protestantisme historique en France, à qui, nous Américains, devons tant.

Mais un parallèle entre les deux Eglises dépasserait les limites de ce volume. Tel qu'il est, ce livre sera pour les Eglises protestantes de France et de Belgique, une admirable interprétation de la vie de leurs Eglises-sœurs de l'autre côté de l'Atlantique. Il servira beaucoup à renforcer la mutuelle sympathie et la bonne entente qui fortifient nos cœurs et nos mains en vue de l'édification de ce Royaume éternel qui nous unit tous.

Chauncey W. Goodrich,
Pasteur de l'Eglise Américaine de Paris.

CHAPITRE PREMIER

Les Diverses Eglises Protestantes des Etats-Unis et leurs caractères distinctifs

Je ne me dissimule pas les difficultés de la tâche que j'entreprends en essayant de donner au lecteur français, en une étude volontairement très condensée, une idée quelque peu exacte des Eglises Protestantes Américaines en 1920. J'ai eu le privilège d'en visiter un certain nombre, de l'Atlantique au Pacifique, pendant trois mois inoubliables, en 1917-1918. J'ai causé avec des centaines de pasteurs et d'aumôniers américains aux Etats-Unis et en France. J'ai lu régulièrement les journaux de ces Eglises, et parcouru les monceaux de rapports qui m'ont été adressés en vue de ce travail. Mais ma documentation est encore imparfaite et j'ai été très heureux que M. le pasteur Anet, de Bruxelles, qui a passé plusieurs années aux Etats-Unis ait accepté d'écrire une partie de cette étude, celle qui concerne les Eglises Américaines pendant la guerre, et de contrôler le reste. Je crois cependant que l'on trouvera dans ces pages un certain nombre de renseignements neufs et qui permettront au lecteur attentif de juger équitablement ces Eglises Protestantes Américaines dont on a dit tour à tour trop de bien et trop de mal dans les publications françaises.

Le volume de M. Ch. Bastide sur la *Religion et les Eglises aux Etats-Unis,* paru à Paris en 1918 dans la Collection *America* constitue une étude très exacte et bien supérieure aux travaux précédents sur le même sujet, mais il est composé à l'aide de citations de livres et de documents de seconde main. Peut-être le témoignage de deux pasteurs qui tous deux aiment et admirent les Eglises Protestantes Américaines, pour les avoir vues de près, apportera-t-il un élément d'information de plus. Notre ambition n'est pas d'être complet sur un sujet aussi immense, mais de faire comprendre au lecteur français toute l'originalité et toute la puissance des Eglises Protestantes Américaines, à l'action desquelles la France et la Belgique sont redevables de ce qu'elles ont reçu de mieux des Etats-Unis.

La première difficulté que l'on rencontre dans une étude des forces religieuses à l'œuvre aux Etats-Unis d'Amérique est celle des statistiques religieuses. Les Eglises Protestantes Américaines donnent uniquement, en général, le chiffre de leurs membres communiants adultes et déclarent 26 millions de membres. L'Eglise catholique Romaine, au contraire, donne uniquement le chiffre de tous les baptisés, enfants et adultes, et déclare 17 millions et demi de fidèles. Ces chiffres n'ont aucune commune mesure. On a essayé de comparer les statistiques protestantes aux statistiques catholiques en se servant de la relation, vérifiée parmi les fidèles de l'Eglise Luthérienne, entre les membres adultes et les chrétiens baptisés (2.451.000 membres communiants et 3.652.000 baptisés). On arriverait par cette méthode au chiffre de 40 millions de protestants américains déclarés, puisque chacun compterait au moins un membre de sa famille inscrit dans une Eglise comme adhérent adulte. Mais, ce chiffre de 40 millions semble encore inférieur à la réalité, puisque 18 millions d'enfants fréquentent les Ecoles du Dimanche protestantes, et qu'en ajoutant ces 18 millions d'enfants aux 26 millions d'adultes, on obtient 44 millions. On sera, sans doute, bien près de la vérité en disant que sur 105 millions d'habitants, les Etats-Unis comptent 50 millions de Protestants, 17 à 18 millions de Catholiques, 1 million de chrétiens d'Orient et d'Israélites, et une trentaine de millions d'habitants, ne se rattachant par un lien durable à aucune Eglise (1).

Le caractère de « Religion de la majorité » appartient sans conteste au protestantisme. Aucun des 29 Présidents des Etats-Unis d'Amérique qui se sont succédé depuis 1789 n'était catholique, et

(1) Voir, p. 92 et 99, comment ces conclusions sont confirmées par un examen de la valeur relative des édifices cultuels appartenant aux diverses confessions et des budgets des Eglises.

tous les annuaires mentionnent l'Eglise protestante à laquelle chacun d'entre eux se rattachait. Le fait que, un quart de la population est effectivement inscrit comme membre adhérent adulte dans une Eglise protestante, a en lui-même une signification prodigieuse et permet de mesurer l'influence profonde des Eglises Protestantes Américaines sur l'opinion publique et la formation des esprits.

Il est vrai que l'opinion française s'imagine volontiers que le protestantisme américain s'éparpille en une poussière indéfinie de sectes. Là est la seconde difficulté à résoudre. Le lecteur non prévenu qui chercherait dans l'*Annuaire des Eglises Américaines* la liste complète de tous les groupements religieux existant en 1920 aux Etats-Unis, constaterait avec stupéfaction que cette liste comprend 204 noms d'églises diverses. Qu'il élimine les groupements bouddhistes, mormons, les diverses églises grecques d'Orient, vieilles catholiques, catholique romaine et il lui restera au moins 150 groupements, dont plusieurs infinitésimaux, qui constituent les *Eglises Protestantes Américaines*. Comment se reconnaître dans ce dédale, et le protestantisme américain est-il divisé en innombrables chapelles rivales ?

Quelques simples remarques permettront de débrouiller rapidement l'écheveau. Il ne faut pas perdre de vue qu'aux Etats-Unis se sont additionnées les causes de division *européennes* et les causes proprement *américaines*. Les premières sont plus nombreuses que les secondes, car les Etats-

Unis, quoi qu'on en ait dit, n'ont pas été une terre aussi féconde à l'éclosion de sectes nouvelles que la vieille Europe, et l'on ne rencontre guère aux Etats-Unis d'Eglise protestante d'origine exclusivement américaine. Les immigrés qui constituent la population américaine ont malheureusement perpétué les plus minuscules schismes nés en Europe. Quelques-uns, du reste, avaient traversé l'Océan pour sauver l'existence de leur secte. Ainsi notre statistique distingue 15 groupements Mennonites qui au total groupent à peine 80.000 membres et 11 branches des *Frères de Plymouth* qui n'atteignent pas toutes ensemble un effectif de 20.000 membres. Ces Eglises minuscules n'ont aucune influence dans un pays de 105 millions d'habitants. La fidélité à l'Eglise européenne d'origine et parfois à la langue d'origine est une autre cause d'émiettement. La statistique dénombre 21 groupements parmi les *Eglises Luthériennes* tels que Eglise Norvégienne, Danoise, Finnoise, Islandaise, etc., mais ces éléments tendent à se grouper en un faisceau de plus en plus étroit, et là encore, la statistique crée une multiplicité trompeuse. Beaucoup de séparations ecclésiastiques qui tirent leur origine de souvenirs historiques européens s'effacent, et le jour où elles disparaîtront, les 2/3 des dénominations protestantes américaines disparaîtront du catalogue.

A toutes les divisions nationales et ecclésiastiques de la vieille Europe, se sont surajoutés les problèmes américains et en particulier celui que la coexistence de la population noire et de la population blanche posait à la conscience chrétienne. Il y a plusieurs *Eglises de couleur* réservées aux Nègres, mais, même dans les Eglises blanches, l'attitude diverse des chrétiens devant l'esclavage a amené un schisme entre *Nord* et *Sud*. C'est pourquoi l'on trouve deux grands groupements dans les églises Presbytérienne, Baptiste et Méthodiste. Ces séparations n'ont guère de motif de subsister, aujourd'hui que l'esclavage est aboli depuis un demi-siècle, et de nombreux efforts ont été tentés au cours de ces dernières années pour amener la réunion des tronçons *Nord* et *Sud* de ces trois églises. A la Conférence Générale Méthodiste de 1920, un pas décisif a été fait en vue de la réunion des Eglises Méthodistes *Nord* et *Sud* et il en a été de même à l'Assemblée Générale Presbytérienne de 1920. L'accord des cœurs et des doctrines est accompli et aboutira certainement à une fusion administrative complète d'ici quelques année.s

Si l'on veut bien considérer que les étiquettes qui rappellent des souvenirs historiques européens ou des querelles américaines périmées, au sujet de l'esclavage, sont la cause principale de la multiplicité apparente des dénominations protestantes aux Etats-Unis, on s'apercevra que les grandes Eglises qui s'opposent par leurs doctrines et leurs idées sont en réalité en nombre relativement petit. Une douzaine peut-être dont six seulement ont plus d'un million de membres adultes :

Méthodistes : 8 millions ;

Baptistes : 7 millions ;

Presbytériens : 2 millions 1/2.
Luthériens : 2 millions 1/2.
Disciples du Christ : 1.200.000.
Episcopaux : 1.100.000.

La plus irréductible de ces distinctions est sans doute celle qui sépare les Eglises d'organisation démocratique où des membres laïques, réunis en Synode avec des pasteurs, assurent la direction effective de l'Eglise, et l'Eglise protestante épiscopale qui représente la tradition de l'Eglise anglicane, les droits du clergé et ses prétentions à une autorité apostolique exclusive. Cette opposition a été d'autant plus tenace aux Etats-Unis, que les Eglises non-conformistes ont été les foyers de l'esprit d'indépendance nationale au XVIIIe siècle, tandis que l'Eglise épiscopale était alors celle des partisans de la couronne d'Angleterre.

Dans le premier groupe, de beaucoup le plus nombreux, il conviendrait de ranger les Eglises Congrégationalistes, Baptistes, Presbytériennes, Réformées, Luthériennes, etc., groupant près de quinze millions de membres adultes déclarés.

A l'autre aile, l'Eglise protestante épiscopale ne groupe guère que 1.100.000 membres adultes. Mais entre ces deux groupes, il faut placer *l'Eglise Méthodiste épiscopale* qui forme la transition et qui englobe près de 8 millions de membres, si l'on compte ensemble tous les groupements méthodistes, épiscopaux ou non. Cette dernière Eglise forme un mélange original et très spécifiquement américain de l'organisation ecclésiastique des deux tendances, mais au point de vue de la doctrine et des usages cultuels, c'est avec le groupe congrégationaliste et presbytérien qu'elle a le plus d'affinités.

Je voudrais maintenant caractériser brièvement les diverses Eglises et en marquer l'importance relative.

Les EGLISES CONGRÉGATIONALISTES remontent aux temps héroïques des premières émigrations aux Etats-Unis pour cause de religion. Au début du XVIIe siècle, un certain nombre de chrétiens anglais protestèrent contre les principes de l'Eglise d'Angleterre. Les uns tentèrent d'obtenir sur place une réforme religieuse interne : ce sont les *Puritains*. Les autres rompirent avec l'Eglise d'Angleterre et émigrèrent en Hollande en 1607, sous la direction du Pasteur John Robinson. En 1620, les Séparatistes, connus sous le nom de *Pères Pèlerins*, traversèrent l'Océan sur le *Mayflower* et s'établirent à Plymouth (Massachussets) où fut fondée la première Eglise congrégationaliste.

Les *Puritains* ne réussissant pas dans leurs efforts de réforme spirituelle de l'Eglise établie d'Angleterre, se décidèrent à leur tour à la séparation et à l'émigration. En 1623, commence leur émigration qui aboutit à la fondation de la ville de Boston. Peu à peu, les différences entre les *Pèlerins* de 1620 et les *Puritains* de 1623 s'atténuèrent et les

Eglises congrégationalistes se multiplièrent dans la Nouvelle Angleterre.

Jusqu'en 1840, le Congrégationalisme américain fut confiné au territoire de la Nouvelle-Angleterre, mais, depuis cette époque, les Eglises congrégationalistes ont essaimé dans tous les Etats-Unis. Cependant le progrès numérique de ces Eglises est resté faible. Leur activité ne s'est pas tournée du côté du prosélytisme, mais plutôt du côté de l'éducation et de l'instruction. L'Université de Harvard tire son nom d'un pasteur de ces Eglises, et c'est à l'action du congrégationalisme que sont dûs plusieurs des plus remarquables établissements de science et de culture chrétienne que possèdent les Etats-Unis. Les dernières statistiques donnent 6.019 Eglises congrégationalistes avec 808.000 membres.

Dans les Eglises congrégationalistes, les pouvoirs de direction de l'Eglise sont exercés directement par la congrégation, par l'assemblée des fidèles. C'est l'ensemble de la congrégation qui nomme son pasteur, décide de l'admission des membres nouveaux, etc. La délégation de pouvoirs ecclésiastiques à des députés laïques ou à des pasteurs est donc réduite au strict minimum.

L'EGLISE PRESBYTÉRIENNE remonte également par ses origines au XVIIe siècle. Elle a été formée par un afflux d'Anglais à idées presbytériennes, auxquels se joignirent des Ecossais, des Irlandais de l'Ulster, des Gallois et des Français. C'est à l'Eglise presbytérienne américaine que se rattachèrent tout naturellement les huguenots qui ont dû quitter la France au XVIIe et au XVIIIe siècles. L'Eglise Presbytérienne Américaine est véritablement l'*Eglise-sœur* de l'Eglise Réformée de France. En 1716, à Philadelphie, apparaît le premier Synode presbytérien régulièrement organisé. Vers 1750, l'Eglise presbytérienne fonda la célèbre université de Princeton qui devait un jour avoir pour président Woodrow Wilson et qui a fourni tant d'hommes éminents à l'Amérique.

L'Eglise presbytérienne n'a cessé de grandir et de prospérer d'un mouvement régulier, mais ses progrès ont été entravés par des schismes divers. La guerre civile de 1861, en particulier, a amené l'organisation de deux Eglises presbytériennes distinctes : celle du Nord ou *Presbyterian Church in U. S. A.*; celle du Sud ou *Presbyterian Church in U. S.* Une seule lettre, on le voit (l'initiale du mot Amérique) marque encore une distinction qui est destinée, sans doute, à disparaître. L'Eglise presbytérienne a adopté la confession de foi de Westminster avec quelques modifications et additions. En 1903, en particulier, des paragraphes nouveaux sur le St-Esprit, l'Amour de Dieu, les Missions ont été ajoutés. L'Eglise est gouvernée par une hiérarchie de corps délibérants où pasteurs et laïques sont également représentés : la *Session* ou Conseil de l'Eglise, le *Presbytery* groupant plusieurs Eglises rapprochées, le *Synod* groupant au moins trois *presbyteries* et la *General Assembly* ou Synode national. L'Eglise presbytérienne possède une organisation républicaine intégrale et le principe de la délégation des pouvoirs à des députés, pasteurs ou laïques, y est souverain.

Il existe diverses églises presbytériennes dissidentes, entre autres l'*Eglise presbytérienne unie de l'Amérique du Nord* avec 963 Eglises et 156.000 membres — Eglise d'origine Ecossaise, très stricte dans ses doctrines et ses usages, n'acceptant que le chant des Psaumes dans ses cultes —, *l'Eglise presbytérienne de Cumberland*, etc.

Dans l'ensemble, le bloc des Eglises Presbytériennes présente 16.066 Eglises et 2.244.000 membres. Si l'on y joignait les *Eglises Réformées* et les *Disciples du Christ* (1), on arriverait à un total de plus de 4 millions de membres adultes, ce qui suppose une population de 10 millions d'âmes d'idée et de tradition presbytériennes.

Mais ce nombre seul donnerait une idée inexacte de l'importance considérable de l'Eglise Presbytérienne aux Etats-Unis. C'est dans son sein qu'ont été élevés beaucoup des hommes les plus éminents des Etats-Unis, entre autres 8 des 29 Présidents des Etats-Unis qui se sont succédé depuis Washington. Parmi ces 8, il y a Jackson, Lincoln et Wilson.

L'Eglise Presbytérienne s'est vue dépassée au point de vue numérique par les *Baptistes* et les *Méthodistes*. Mais son action reste profonde et incontestée dans tous les milieux cultivés et urbains de la grande république Américaine. Elle a des Universités, des journaux, des revues qui assurent son rayonnement, en dehors de toute pensée de prosélytisme étroit. Son corps pastoral est exceptionnellement instruit et capable.

---

(1) Ces derniers présentent, du reste, également des affinités avec les Congrégationalistes et avec les Baptistes.

Les EGLISES RÉFORMÉES sont les sœurs des Eglises Presbytériennes. Elles tirent leur origine de l'émigration hollandaise, et non de l'émigration écossaise ou irlandaise.

L'EGLISE RÉFORMÉE EN AMÉRIQUE se rattache aux souvenirs de la colonisation de la Nouvelle-Amsterdam, devenue plus tard New-York. En 1628, il y a une Eglise hollandaise à Nouvelle-Amsterdam. L'œuvre grandit, mais en 1664, les Anglais s'emparent de la colonie hollandaise et l'Eglise Réformée a de la peine à subsister, d'autant plus qu'elle se refusa longtemps à célébrer ses services en anglais. Vers le milieu du XIXe siècle un flot d'immigrants hollandais vint s'établir dans les Etats qui entourent Chicago et assura de nouveaux progrès de l'Eglise Réformée hollandaise. Elle compte aujourd'hui 727 Eglises et 134.000 membres communiants. Au point de vue doctrinal, elle occupe une position théologique conservatrice et maintient les canons du synode de Dordrecht contre les Arminiens.

L'EGLISE RÉFORMÉE AUX ETATS-UNIS fut fondée par des émigrants allemands et suisses venus au XVIIIe siècle en Pennsylvanie et en Virginie. Elle reçut des Eglises hollandaises des secours en hommes et en argent. La doctrine calviniste n'y domine pas aussi strictement que dans l'Eglise réformée hollandaise car elle a été tempérée par l'influence de Zwingle. Elle tient le catéchisme de Heidelberg pour règle de foi. Elle compte aujourd'hui 1.767 Eglises et 330.000 membres.

L'Eglise des DISCIPLES DU CHRIST a été fondée au XIXe siècle par des presbytériens, désireux de largeur et d'union. Le plus célèbre d'entre eux est l'Irlandais Alexandre Campbell. Pour échapper aux rivalités et aux discussions des Eglises et des sectes, ces chrétiens cherchèrent le nom le plus universel, le moins exclusif et prirent celui de Disciples du Christ. Ils cherchèrent la base doctrinale la plus large possible et ils déclarèrent frères et membres de leur Eglise ceux qui sont résolus à suivre le Christ et à obéir à sa personnalité. Ils cherchèrent également un livre commun à toute la chrétienté et proclamèrent que ce livre était la « Bible, et la Bible seule ». Les Disciples du Christ se sont recrutés presque exclusivement dans le bassin du Mississipi et ont fondé dans les Etats de l'Ouest des Eglises remarquablement nombreuses et florissantes, car ils comptent 8.912 Eglises et 1.200.000 membres. A vrai dire, cette Eglise, destinée à effacer l'esprit de dénomination semble n'avoir réussi qu'à constituer une dénomination de plus. Elle est une des rares Eglises protestantes des Etats-Unis qui ait des racines exclusivement américaines. Son action se limite à une partie du territoire des Etats-Unis où l'Eglise presbytérienne a peu de représentants. Mais la vitalité et l'esprit d'entreprise des Disciples du Christ sont incontestables. Les Disciples pratiquent le baptême des adultes.

Avec les EGLISES BAPTISTES, nous abordons le groupement qui, avec les Eglises méthodistes, est numériquement le plus considérable parmi les Eglises protestantes américaines. Chacun de ces groupes réunit, en effet, plus de 7 millions de membres adultes. Les Eglises baptistes possèdent incontestablement une activité et une puissance de rayonnement considérables. Elles n'ont pas été autant favorisées que d'autres dénominations par des arrivées d'immigrants déjà baptistes. Elles ont lutté toujours pour la liberté religieuse et condamné toute Eglise d'Etat. Elles ont eu à subir des persécutions religieuses, particulièrement en Virginie et en Nouvelle-Angleterre. Leur doctrine particulière est celle du baptême des adultes par immersion, mais, par leur organisation générale et leur action, elles se rangent à côté des autres Eglises du groupe Congrégationaliste. Parmi les Baptistes les plus connus on cite le milliardaire Rockefeller, le sénateur Harding, candidat du parti Républicain, élu en 1920 à la Présidence de la République.

On sait que le Président Harding est un homme très sincèrement religieux. On lui demanda, le soir de son élection, s'il n'était pas joyeux devant l'immensité de son triomphe, mais il répondit : « Je me sens en ce moment plutôt enclin à la prière, afin que me soit donnée la force nécessaire pour faire face aux lourdes responsabilités qui vont peser sur moi. » A un journaliste qui l'interrogeait sur ses sentiments religieux personnels, il répondit : « Je vais à l'Eglise chaque dimanche matin quand je suis chez moi. J'aime aller à l'Eglise. J'ai reçu mes premières notions religieuses chez les Méthodistes. Plus tard ma mère se joignit aux Adventistes. Dans mon âge mûr, je devins Baptiste. J'ai été conseiller d'église chez les Baptistes depuis 25 ans. Mais je ne m'intéresse pas à une seule église. J'aime à assister à un service ritualiste. J'aime l'Eglise épiscopale et son cérémonial. J'ai fort apprécié des services solennels de l'Eglise catholique romaine. Toutes les manifestations de la religion sont bienfaisantes pour la vie Américaine. J'apprécie toutes les Eglises, bien qu'appartenant personnellement à la plus libre de toutes. Mais mon intérêt pour elle n'est pas exclusif. » (1).

Il y a lieu de noter que sur les 7 millions de baptistes, il y a plus de 3 millions de noirs résidant surtout dans les Etats du Sud. Les méthodistes noirs sont au nombre d'un million. Les Eglises baptistes noires l'emportent donc de beaucoup par le nombre sur toutes les autres églises de couleur.

La constitution organique des Eglises baptistes est congrégationaliste, c'est-à-dire que leurs Synodes sont plutôt une Fédération d'Eglises locales qu'un gouvernement centralisé de l'Eglise.

LES EGLISES LUTHÉRIENNES AMÉRICAINES doivent leur existence à l'afflux des immigrants allemands et scandinaves. Les premières colonies luthériennes scandinaves remontent à 1632 et 1638 et la première église luthérienne fut bâtie en 1646 en Pennsylvanie. Mais l'immigration scandinave et allemande a été surtout considérable au XIXe siècle;

(1) *Christian Work*, 18 septembre 1920.

elle a amené dans le Nouveau-Monde des millions de luthériens. A l'heure actuelle, les diverses branches de l'Eglise luthérienne comptent aux Etats-Unis près de 10.000 pasteurs et deux millions et demi de membres adultes, ce qui supposerait, dit cette église, une population totale environ de 8 à 10 millions d'âmes de tradition luthérienne, soit presque un habitant sur 10 dans l'ensemble de la population américaine.

Malheureusement, cette Eglise d'immigrants n'a pu encore constituer son unité nationale. Elle est très inégalement répartie sur le territoire américain. Un grand nombre d'Eglises célèbrent encore le culte dans leur langue maternelle. Les journaux religieux en allemand ou en suédois sont nombreux. Mais une évolution qui se poursuit rapidement aboutira à la constitution d'une puissante Eglise luthérienne Américaine. La guerre mondiale et l'intervention active des Etats-Unis en 1917 ont placé certaines Eglises luthériennes de langue allemande dans une situation délicate. Mais à aucun moment, le loyalisme et la fidélité de toutes les églises luthériennes américaines n'ont pu être mis en doute.

En 1918, trois des plus grandes églises luthériennes. le *Lutheran General Synod*, le *Lutheran General Council*, le *Lutheran United Synod South* ont formé ensemble *l'Eglise Luthérienne unie d'Amérique*. Il est probable que sous son drapeau se rangeront peu à peu les petites Eglises luthériennes encore indépendantes.

Au point de vue de l'administration, c'est l'organisation Synodale qui est la règle. Même les églises d'origine scandinave n'ont pas rétabli le titre d'évêque. Les laïques participent avec les pasteurs à la direction de l'Eglise. Le point de vue théologique des églises luthériennes américaines est conservateur ; le manque d'empressement de certains luthériens à collaborer avec d'autres églises protestantes vient certainement de la crainte d'un enseignement doctrinal incertain. « La théologie de l'Eglise Luthérienne est essentiellement une christologie. Christ est le centre. Par Lui, Dieu s'est approché de nous et par Lui, nous nous approchons de Dieu, Dieu n'est pas seulement pour les Luthériens la Volonté suprême, mais une Volonté infiniment aimante. C'est la Rédemption plutôt que la Souveraineté de Dieu qui est pour eux l'idée fondamentale. » (1).

Les Eglises luthériennes ne se sont jointes jusqu'ici qu'avec des hésitations et des réserves à ces « Mouvements Généraux » en vue de l'action religieuse et sociale auxquels on convie fréquemment les Eglises protestantes américaines à se joindre en un faisceau commun. Elles s'alarment de certaines divergences doctrinales et quelques-unes ont pris pour mot d'ordre : « des chaires luthériennes pour des pasteurs luthériens, et des autels luthériens pour des communiants luthériens ». Cependant le *Synode Général Luthérien* est un des corps participants du *Conseil Fédéral*

---

(1) *Churches of the Federal Council* p. 221.

des Eglises du Christ et travaille en parfaite harmonie avec lui. On ne saurait méconnaître les difficultés particulières qui ont empêché les églises luthériennes américaines d'avoir jusqu'ici toute l'influence à laquelle elles peuvent prétendre. Ces églises ont devant elles le plus bel avenir lorsqu'elles auront conquis l'unité de direction et d'action qui leur manque encore.

Parmi les Eglises issues de l'immigration allemande au XVIIIe siècle, il convient d'en citer deux qui réunissent un nombre important de fidèles et ont une constitution indépendante, l'*Association Evangélique* et les *Frères unis en Christ.*

L'ASSOCIATION ÉVANGÉLIQUE fut fondée en 1819 par Jacob Albright qui organisa une Eglise missionnaire parmi les colons allemands dispersés dans l'est de la Pennsylvanie. Cette Eglise s'est développée surtout dans les États de l'Ohio et de la Pennsylvanie et groupe aujourd'hui 1.729 Eglises et 160.000 membres. Bien que l'Association Evangélique se serve encore de l'allemand comme langue usuelle dans quelques-unes de ses Eglises, l'anglais prend rapidement le dessus. C'est une Eglise aux larges ambitions missionnaires : outre les missions étrangères qu'elle soutient, elle s'occupe activement de l'évangélisation des Italiens dans les grands centres de Chicago et de Milwaukee. Cette Eglise nomme des évêques qui remplissent des fonctions de surintendants et ont un rôle analogue à celui des évêques de l'Eglise méthodiste épiscopale.

Les FRÈRES UNIS EN CHRIST (United Brethren in Christ) furent organisés à la fin du XVIIIe siècle en Pennsylvanie et Virginie par Philip Otterbein, parmi les Allemands réformés et mennonites venus en Amérique. Otterbein était un pasteur distingué de l'Eglise réformée allemande, originaire de Wiesbaden, qui vint volontairement en Amérique dès 1752. pour évangéliser les émigrants allemands, alors privés de tout secours religieux. Il eut pour collaborateur un prédicateur mennonite Martin Boehm. En 1800, dans une Conférence Générale les églises organisées par Otterbein et Boehm se groupèrent sous le nom de *Frères Unis en Christ*. Les deux fondateurs furent choisis comme surintendants ou évêques.

Les Frères Unis ont aujourd'hui six évêques, mais ces évêques possèdent seulement le pouvoir disciplinaire et administratif de surintendants. Au point de vue doctrinal cette Eglise est arminienne et non calviniste. Elle a son siège administratif à Dayton (Ohio) et compte des fidèles dans tout le centre des Etats-Unis. Elle publie un journal très répandu appelé le *Télescope religieux*. Elle groupe l'important effectif de 3.498 Eglises et 368.000 membres adultes.

Avec *l'Eglise méthodiste épiscopale Américaine*, nous abordons une Eglise qui occupe une position intermédiaire entre les Eglises d'organisation congrégationaliste ou presbytérienne et les Eglises proprement épiscopales. Nous abordons aussi un groupement très remuant et très actif.

L'EGLISE MÉTHODISTE ÉPISCOPALE AMÉRICAINE est fille du mouvement religieux inauguré par John Wesley en Angleterre. On sait que John Wesley, ministre régulier de l'Eglise Anglicane, commença en 1740 une œuvre de rénovation religieuse à l'intérieur de l'Eglise d'Angleterre. Wesley n'avait aucunement l'intention de se détacher lui-même ou de détacher ses disciples de la communion de l'Eglise Anglicane. Les compagnons de Wesley, les « méthodistes » ne pouvaient recevoir les sacrements que de la main des pasteurs anglicans, régulièrement consacrés.

L'action de Wesley se fit sentir de bonne heure en Amérique. Dès 1766, une société méthodiste apparaît à New-York et la première conférence méthodiste américaine de 1773 stipula que « tout prédicateur qui agit d'accord avec M. Wesley et les frères qui travaillent en Amérique doivent éviter soigneusement d'administrer le baptême ou la Sainte-Cène ». Mais, en 1776, commence la Guerre d'Indépendance Américaine. En 1783, l'indépendance des Etats-Unis est reconnue par l'Angleterre. Wesley déclara que la situation était entièrement changée, et que les Méthodistes Américains étaient affranchis de toute subordination à l'Etat et à la hiérarchie de l'Eglise Anglicane. Cette dernière n'avait, du reste, presque plus de représentants aux Etats-Unis en 1783. Les méthodistes américains demandèrent à Wesley de leur donner lui-même une organisation adaptée aux circonstances nouvelles.

John Wesley appela ses amis en consultation

à Bristol et, en décembre 1784, désigna le Dr Coke, pasteur de l'Eglise Anglicane, comme surintendant des Méthodistes américains conjointement avec Francis Asbury qui était déjà en Amérique. En outre, il consacra comme ministres, avec le droit de distribuer les sacrements, Vasey et Whatcoat. Dans sa lettre du 10 septembre 1784, Wesley marquait l'importance de cet acte. Il rappelait qu'il avait jusqu'alors, toujours refusé de donner la consécration pastorale aux prédicateurs méthodistes, résolu à violer, aussi peu que possible, l'ordre établi de l'Eglise nationale « dont il est le ministre... ». « Mais le cas est tout à fait différent suivant qu'il s'agit de l'Angleterre ou de l'Amérique du Nord. En Angleterre il y a des évêques avec une juridiction légale ; en Amérique il n'y a aucun évêque, mais seulement quelques rares ministres paroissiaux de sorte qu'à cent milles à la ronde on ne trouve personne pour baptiser ou administrer la Cène du Seigneur. Aussi mes scrupules sont à leur terme ; je m'estime entièrement libre, je ne viole aucun ordre et je n'empiète sur les droits de personne en désignant et en envoyant des ouvriers dans la moisson. »

Ainsi, l'Eglise Méthodiste Américaine devint indépendante et autonome avant l'Eglise Méthodiste Anglaise. Ce qu'il y avait de grave dans l'acte de Wesley, c'est qu'il rompait avec la doctrine anglicane de la succession apostolique, en consacrant lui-même, bien que n'étant pas évêque, et en donnant à Coke et à Asbury, simples ministres, le pouvoir de consacrer des pasteurs sans l'intervention d'un évêque de l'Eglise anglicane. Peut-être Wesley ne voyait-il dans cette organisation qu'une solution transitoire (1). Mais à Noël 1784, une conférence des prédicateurs méthodistes américains, réunie à Baltimore, confirma les choix de Wesley et décida d'organiser une église méthodiste américaine. Coke et Asbury furent élus surintendants de l'Eglise et l'on décida de créer une « Eglise épiscopale avec des surintendants, des anciens et des diacres ». Coke et Asbury firent changer leur titre de *surintendant* en celui *d'évêque* (bishop), ce dernier terme étant plus biblique que le premier. Wesley désapprouva ce changement, mais la modification fut approuvée par l'Assemblée de 1788.

Les évêques de l'Eglise Méthodiste épiscopale diffèrent du reste, grandement des évêques de l'Eglise d'Angletere. Ils sont *élus* par la Conférence générale de l'Eglise et des ministres non évêques peuvent participer à leur consécration (§ 204 de la *Discipline*). Certains principes presbytériens sont donc restés à la base de l'organisation de l'Eglise Méthodiste épiscopale américaine : le pouvoir est délégué par la masse des fidèles où leurs représentants. Les évêques méthodistes sont des surintendants avec des pouvoirs très étendus pour la nomination des pasteurs et l'administration de l'Eglise ; mais ils ne constituent pas une caste à prétentions apostoliques. L'Eglise méthodiste épiscopale américaine a préféré subir plu-

(1) Cf. Faulkner, *The Methodists*. p. 97.

sieurs schismes plutôt que de diminuer les prérogatives de ses évêques. Dès 1792, une séparation très grave se produisit au sein de l'Eglise méthodiste américaine à la suite du refus de donner au pasteur nommé à un poste quelconque par l'évêque, droit d'appel devant la Conférence générale. De ce schisme est issue l'EGLISE CHRÉTIENNE qui compte aujourd'hui 1.204 églises et 105.000 membres. Cette Eglise a son siège central à Dayton (Ohio) et est assez semblable à celle des *Disciples du Christ,* dont elle tient cependant à rester séparée. En 1830, l'EGLISE MÉTHODISTE PROTESTANTE se sépara à son tour en revendiquant les droits des laïques dans la direction de l'Eglise : 2.500 Eglises et 176.000 membres se groupent sous son nom.

Mais le schisme le plus considérable fut celui qui divisa l'Eglise Méthodiste épiscopale américaine en deux portions presque égales : *Nord* et *Sud,* sur la question de l'esclavage. Sans cesse revint devant les Assemblées d'Eglise, au cours de la première moitié du XIXe siècle, ce problème : un pasteur, un prédicateur local peut-il posséder des esclaves ? La question fut résolue définitivement en 1844 à propos de l'évêque Andrew qui, par son mariage, était devenu un grand propriétaire d'esclaves. A la conférence générale, une résolution votée par 111 voix contre 69, invita l'évêque à se démettre de sa charge, aussi longtemps que pareil obstacle à son ministère subsisterait. En 1845, donc bien avant la guerre civile américaine, l'Eglise méthodiste épiscopale du Sud organisa son existence indépendante. Les deux Eglises *Nord* et *Sud* ont également prospéré. Leurs principes sont identiques, sauf que l'Eglise Méthodiste épiscopale du Sud accorde peut-être une place plus grande dans la direction de l'Eglise aux laïques. En 1920, l'Eglise Méthodiste épiscopale du Nord comptait 29.849 églises et 4.175.000 membres. L'Eglise Méthodiste épiscopale du Sud comptait 19.160 églises et 2.152.000 membres.

L'Eglise Méthodiste est celle qui, avec les Baptistes, a le mieux réussi auprès des populations noires du continent américain. Sous son égide se sont constituées : en 1796, l'*Eglise Méthodiste épiscopale africaine de Sion* qui groupe 3.434 églises et 458.000 membres ; en 1816, l'*Eglise Méthodiste épiscopale africaine* qui compte 6.635 églises et 548.000 membres, et enfin dans les Etats du Sud, l'*Eglise Méthodiste épiscopale* de couleur, organisée en 1870. (2.621 églises et 245.000 membres).

En y joignant différents petits groupements, l'ensemble des Eglises Méthodistes américaines groupe le formidable effectif de 67.493 églises, 46.364 pasteurs et 7.867.000 membres adultes, ce qui représente, avec les enfants, 15 à 20 millions d'habitants des Etats-Unis. Cette église est certainement l'une des forces chrétiennes les plus actives et les plus conquérantes du continent américain. Elle est vraiment nationale et exerce son action sur toute l'étendue du territoire des Etats-Unis. L'Eglise Méthodiste épiscopale a joué, en particulier, un rôle considérable dans la christianisation des colons de la vallée du Mississipi et du Far-West. M. Mathieu Lelièvre a fait revivre dans son volume sur les *Prédicateurs pionniers de l'Ouest Américain* (1) les figures pittoresques de Pierre Cartwright, de James Finley et l'époque des *camps meetings* dans les bois du Far-West. Aujourd'hui, l'œuvre missionnaire poursuivie par l'Eglise Méthodiste épiscopale américaine embrasse la terre entière sans exclure la vieille Europe. Une activité missionnaire est poursuivie, depuis 20 ans, en France même, par cette Eglise, et la Conférence générale de 1920 a placé un évêque méthodiste américain en résidence à Paris.

L'EGLISE PROTESTANTE ÉPISCOPALE revendique le droit d'être considérée comme la continuatrice légitime et fidèle de la tradition des apôtres et des évêques des premières générations chrétiennes. Une transmission spirituelle ininterrompue relie ses évêques aux disciples de Jésus. L'Eglise protestante épiscopale américaine est fille de l'*Eglise d'Angleterre* et accepte ses doctrines et ses liturgies. Elle passa par une crise redoutable lors de la guerre d'Indépendance du XVIIIe siècle. La plupart des ministres anglicans avaient fui les Etats-Unis et elle ne possédait aucun évêque américain. En 1783, le Dr Seabury fut choisi comme évêque par une assemblée du clergé et envoyé en Angleterre pour obtenir la consécration apostolique des évêques anglais. Il traversa l'Océan et, après divers échecs, obtint la consécration épiscopale d'évêques

---

(1) Paris, 1876, J. Bonhoure éditeur.

écossais en 1784. Mais, quelques années plus tard, le Dr White et le Dr Provost obtinrent la consécration épiscopale de la main d'évêques de l'Eglise d'Angleterre, ce qui assura la transmission régulière du pouvoir apostolique.

Aujourd'hui, le corps exécutif de l'Eglise se réunit tous les trois ans et se compose de la Chambre des évêques et de la Chambre des députés. On remarque depuis quelques années une tendance à donner plus d'importance aux voix laïques dans la direction de l'Eglise, mais l'autorité suprême appartient à la Chambre des évêques. L'Eglise compte aujourd'hui 116 évêques, 5.500 ministres et environ onze cent mille membres communiants adultes. L'Eglise protestante épiscopale groupe beaucoup des familles les plus riches et les plus influentes des Etats-Unis. Son esprit est loin d'être étroit et certains de ses évêques sont de grandes figures chrétiennes. L'Eglise épiscopale américaine a entrepris en 1910, sous le nom de *Mouvement pour la Foi et la Discipline* un effort vers l'union et l'unité de toutes les Eglises chrétiennes, protestantes, catholiques et grecques orthodoxes. Un de ses évêques me disait un jour que son église, placée à mi-chemin entre l'Eglise Catholique Romaine et les Eglises de la Réforme, pouvait et devait constituer le trait d'union et le lien vivant entre elles. Mais ces efforts vers l'union de la chrétienté se sont heurtés à un refus catégorique de l'Eglise Romaine de participer aux conférences pour la Foi et la Discipline. Il ne semble donc pas que ce mouvement puisse aboutir aux résultats étendus et durables que se proposaient ses promoteurs. Une conférence du mouvement *Faith and Order* a eu lieu à Genève en août 1920, sous la présidence de l'évêque Brent. 80 Eglises et 40 nations étaient représentées, appartenant exclusivement aux Communions protestante et grecque orthodoxe.

Avant de clore cette revue, il convient de dire un mot des EGLISES UNITAIRES qui représentent le christianisme libéral et progressif. Elles recrutent leurs adhérents surtout dans les milieux de culture universitaire et les grandes villes et ne se mêlent pas au mouvement général des autres Eglises protestantes Américaines. Les Unitaires se rencontrent surtout dans les Etats de la Nouvelle-Angleterre et en Californie. Ils sont à peu près absents dans les Etats de l'Ouest. Pendant la guerre, l'attitude ultrapacifiste de certains pasteurs unitaires nuisit à la popularité de cette Eglise qui a compté et compte encore dans son sein de très grands noms américains : William H. Taft, ancien Président des Etats-Unis d'Amérique, est le Président de la Conférence générale unitaire. Ces Eglises sont au nombre de 411 et groupent 82.000 membres.

Parmi les dénominations de petite densité numérique mais donc l'action spirituelle est profonde et originale, il convient de mentionner aussi la *Société des Amis* ou des Quakers qui a 1.027 groupements et 113.000 membres, et les *Frères Moraves* avec 136 Eglises et 28.000 membres.

La Société religieuse des AMIS groupe ceux qui, à l'extrême opposé des Eglises épiscopales, affirment le sacerdoce de tout croyant et l'inutilité de tout clergé. Les réunions religieuses des Amis comportent de longs silences consacrés aux prières et aux méditations individuelles qui ne sont coupés que par l'exhortation spontanée et improvisée de quelque membre de la congrégation, homme ou femme. Cependant, depuis quelques années, quelques congrégations des Amis possèdent un pasteur qui est considéré plutôt comme un administrateur et un directeur des forces religieuses de la communauté que comme le président du culte public, bien qu'il puisse remplir aussi cette fonction à l'occasion. Les *Amis* se sont toujours signalés par leur refus de porter les armes, de prêter serment, leur lutte contre l'esclavage, l'alcoolisme, la peine capitale, etc. Ils ont exercé, malgré leur petit nombre, une action très réelle et très durable sur le peuple américain. Leur organisation ecclésiastique comporte une série *d'Assemblées* superposées : *Assemblée mensuelle* ou *locale, Assemblée trimestrielle* ou *régionale, Assemblée annuelle* et enfin *Assemblée des cinq ans* (Five years' Meeting) ou Assemblée générale.

L'EGLISE MORAVE est fille de l'Eglise Morave réorganisée en Allemagne par Zinzendorf au XVIIIe siècle. L'Eglise Américaine est demeurée une province du Synode général Morave qui se réunit en Allemagne. De 1750 à 1850, elle est restée une Société assez fermée, un groupement de Communautés fraternelles, de Colonies religieuses homogènes à allure monastique. Cette attitude a contrarié son extension rapide. L'Eglise Morave a des évêques, mais ces évêques exercent uniquement une fonction spirituelle, ils consacrent les ministres et sont, dans un sens spécial, les intercesseurs de l'Eglise. La direction de l'Eglise ne leur appartient pas ; le gouvernement de l'Eglise est entre les mains des Assemblées et des Synodes. Cette position intermédiaire permet aux Moraves d'avoir des relations très fraternelles avec les Eglises épiscopales comme avec les presbytériennes. La piété profonde des Moraves et leur activité missionnaire ont toujours assuré à cette Eglise une considération et une influence qui excèdent grandement leur nombre (1).

---

(1) Voici la classification des Eglises américaines, d'après le mode de gouvernement, que propose Elias B. Sanford dans son livre *Origin and History of the Federal Council*. Mais certaines Eglises mises dans des groupes différents sont en réalité très proches l'une de l'autre par certains points et il n'y a pas de classification parfaite.

Groupe Congrégationaliste. — Baptistes — Congrégationalistes — Disciples du Christ — Amis — Mennonites.

Groupe Episcopal — Méthodistes épiscopaux — Moraves — Episcopaux — Association Evangélique — Frères Unis.

Groupe presbytérien ou synodal. — Presbytériens du Nord et du Sud — Eglises Réformées — Eglises Luthériennes.

CHAPITRE II

Les efforts des Eglises Américaines en vue de l'unité d'action et de pensée

Si les Eglises protestantes américaines comprennent un grand nombre de dénominations diverses, elles ont senti de bonne heure l'avantage énorme qu'il y aurait pour elles à s'unir en un faisceau commun en vue de l'action. L'union s'est d'abord faite pour des activités un peu extérieures aux Eglises et limitées à un objet précis. De ce nombre sont *l'Association Internationale des Ecoles du dimanche*, le *Mouvement Missionnaire laïque*, le *Mouvement des Etudiants Chrétiens Volontaires pour les Missions* et surtout les *Unions Chrétiennes de Jeunes Gens* (Y. M. C. A.) et de *Jeunes Filles* (Y. W. C. A.).

Chose digne de remarque, ce sont les expériences faites dans le domaine de l'activité missionnaire et conquérante, à l'étranger comme dans le territoire national, qui ont conduit les Eglises à mesurer les avantages d'une entente collective. Lorsqu'il s'agit de gagner des prosélytes, de conquérir des païens, des indifférents ou des catholiques à la foi évangélique, il est essentiel de ne pas déconcerter les nouveaux venus par le spectacle de divergences qui ne s'expliqent, dans bien des cas, que par des traditions historiques sans intérêt pour le prosélyte. Chaque Eglise Américaine a d'abord eu *son* œuvre missionnaire et *son* champ de mission. Mais dès 1872, les divers missionnaires américains à l'œuvre au Japon, tinrent une conférence à Yokohama pour répartir leurs activités de manière à assurer la convergence des efforts et à éviter les rivalités stériles. Cette conférence fut suivie de plusieurs autres et amena par répercussion des échanges de vues pour assurer une parfaite coopération entre les Eglises de la métropole qui envoyaient des missionnaires au Japon. Dans les Philippines, en Corée, en Chine, les missions protestantes américaines ont décidé de constituer une Eglise indigène connue sous un seul nom : *Eglise du Christ*, nom comportant l'addition facultative d'un adjectif rappelant l'origine historique de l'entreprise missionnaire en cause, Eglise du Christ *épiscopale*, Eglise du Christ *méthodiste*, etc. En outre, les Sociétés de mission américaines ont établi le principe de la répartition géographique des terres de mission entre les Eglises, de manière à éviter les rivalités entre les dénominations diverses à l'œuvre. Des cours d'arbitrage missionnaires, destinés à trancher les conflits locaux ont été instituées. La cour d'arbitrage missionnaire des Indes Anglaises a juridiction sur 40 sociétés missionnaires différentes. En Chine, tous les médecins missionnaires protestants forment une seule et même Association médicale missionnaire et il en va de même pour les instituteurs missionnaires. En 1900, la Conférence missionnaire générale du Japon vota la déclaration suivante :

« La Conférence missionnaire, réunie à Tokio, proclame sa conviction que tous ceux qui sont unis en Christ par la foi forment un seul corps. Elle fait appel à tous ceux qui aiment le Seigneur Jésus-Christ et son Eglise sincèrement pour qu'ils prient et travaillent en vue de la réalisation complète de cette Unité corporelle que le Maître a réclamée dans la prière qu'il prononça la nuit où il fut trahi. »

En 1913, la Conférence nationale missionnaire protestante de Chine, réunie à Chang-haï, vota la déclaration suivante :

« La Conférence prie unanimement pour l'unité de tous les chrétiens, unité pour laquelle le Seigneur a prié, afin que le monde puisse le connaître et le recevoir comme le Fils de Dieu, le Sauveur de l'humanité et, d'accord avec cette prière, souhaite ardemment l'unité de toute l'Eglise du Christ en Chine.

« Afin de faire tout ce qui est possible pour manifester l'unité qui existe déjà entre les chrétiens fidèles de Chine et afin de présenter, en face de la grande masse des Chinois non chrétiens, notre union fraternelle sous un nom unique, la Conférence propose comme nom unique le mieux approprié celui de : *Eglise chrétienne de Chine*.

« Comme mesures destinées à assurer l'unité, la Conférence supplie les Eglises de la métropole :

a) d'unir les églises de mêmes tendances ecclésiastiques, établies en Chine par des missions différentes ;

b) d'établir une union organique entre les églises chinoises qui jouissent déjà de l'intercommunion fraternelle ;

c) d'établir des Fédérations locales et provinciales de toutes les églises résolues à coopérer pour l'extension du règne de Dieu ;

d) de former un Conseil National des Eglises protestantes chinoises. » (1).

On voit avec quelle hardiesse et quelle décision les missionnaires américains ont réclamé des Eglises qui les envoyaient au loin l'unité d'action et l'unité de nom. De ces appels réitérés, des expériences multiples faites dans les champs de mission est née l'aspiration toujours plus ardente à l'union de toutes les forces protestantes. Au reste, des expériences toutes semblables furent faites à propos des œuvres de mission intérieure et aboutirent à l'organisation, en 1908, du *Home Mission Council* ou *Conseil de la Mission Intérieure.*

Le *Conseil de la Mission Intérieure* qui a son siège à New-York, 156 Fifth Avenue, représente

---

(1) Voir Robert E. Speer, *Foreign missions and Christian unity 1909* et du même auteur dans le recueil *Christian Cooperation and World Redemption* (tome V. 304) 1917.

l'accord de 36 organisations différentes en vue de l'évangélisation du territoire des Etats-Unis. Son secrétaire exécutif coordonne les efforts de ces 36 sociétés ou Comités des dénominations diverses, spécialement dans les directions suivantes : Œuvre parmi : 1° les Indiens ; 2° les Nègres ; 3° les immigrants dans les ports ; 4° les classes industrielles dans les grandes villes ; 5° les disséminés dans les campagnes ; 6° les camps de bûcherons ; 7° la population de langue espagnole ; 8° les indigènes de l'Alaska ; 9° les Mormons et les groupes non-américanisés ; 10° établissement de plans de construction pour des Eglises nouvelles ; 11° établissement de publications que tous les organismes coopérants puissent utiliser. L'activité du *Home Mission Council* s'exprime par deux mots qui sont presque synonymes à ses yeux : Christianisation, Américanisation. Il travaille en vue de donner une âme à la démocratie américaine ; il affirme qu'il n'y a de vraie démocratie que là où il y a fidélité aux principes de Jésus-Christ. « Les pasteurs, plus encore que tout autre groupe d'hommes, tiennent dans leurs mains la faculté de diriger la grande démocratie américaine, et par l'intermédiaire de leur pays, de diriger les autres démocraties du monde entier vers le solide et durable fondement d'une Fraternité Chrétienne. » Ainsi l'instinct de sécurité sociale et la foi chrétienne s'unissent pour réclamer une christianisation, une américanisation intensive des immigrants et des sans-églises.

Le dialogue suivant, préparé pour être récité

dans les Ecoles du Dimanche, donnera une idée de ces méthodes d'américanisation chrétienne :

« *Le Directeur.* — En 1776, l'Amérique proclama que tous les hommes naissaient libres et égaux.

Les enfants. — « Ma maison sera appelée une maison de prière pour tous les peuples. Le Seigneur, l'Eternel parle, lui qui rassemble les exilés d'Israël : Je réunirai d'autres peuples à lui, aux siens déjà rassemblés. » (Esaïe 56, 7).

Le Directeur. — De 1776 à 1917, trente-trois millions d'hommes ont accompli le long voyage nécessaire pour venir de leur pays jusque dans le nôtre.

Les enfants. — « Des nations marchent à ta lumière et des rois à la clarté de tes rayons. Porte les yeux alentour et regarde : Tous ils s'assemblent, ils viennent vers toi. Tes fils arrivent de loin et tes filles sont portées sur les bras. » (Esaïe 60, 3-4).

Le Directeur. — En 1918, l'Amérique a vu le nombre de ses citoyens dépasser le centième million.

Les enfants. — « Voici, tu appelleras des nations que tu ne connais pas et les nations qui ne te connaissent pas accourront vers toi à cause de l'Eternel ton Dieu, du Saint d'Israël, qui te glorifie. » (Esaïe 55, 5).

Le Directeur. — Onze millions d'entre eux sont des gens de couleur, nègres, indiens et chinois.

Les enfants. — « Si un étranger vient séjourner avec vous dans votre pays, vous ne l'opprimerez point. Vous traiterez l'étranger en séjour parmi vous comme un indigène du milieu de vous ; vous l'aimerez comme vous-mêmes. » (Lévitique 19, 33).

Le Directeur. — Quatorze millions cinq cent mille d'entre eux sont nés dans un territoire étranger.

Les enfants. — « Tu ne maltraiteras point l'étranger et tu ne l'oppprimeras point, car vous avez été des étrangers dans le pays d'Egypte. » (Exode 22, 21). (1).

On voit avec quelle adresse sont mélangées les données historiques les plus précises au sujet de la population américaine et les enseignements de la Bible. Pour cette œuvre d'*Américanisation chrétienne,* il est relativement aisé d'obtenir le concours de toutes les églises protestantes.

***

Mais, peu à peu, la chrétienté protestante américaine en vint à désirer plus qu'une entente pour les œuvres de jeunesse ou de mission, à savoir une Entente, une Fédération des Eglises proprement dites. Le mouvement débuta par une Fédération locale de quelques églises, à New-York en 1895, puis dans le Massachussets en 1902. Enfin en 1900

(1) *A Sunday School Program* prepared for the Home Mission Council.

fut organisée une Fédération nationale. Mais celle-ci ne groupa à son origine que des Fédérations locales et des églises isolées ; elle ne pouvait aucunement prétendre représenter le protestantisme américain. Mais cette Fédération provisoire organisa une Fédération définitive. Elle entra en relations avec les corps dirigeants des diverses dénominations et leur demanda de nommer des délégués officiels en vue d'une conférence générale constitutive. Cette conférence eut lieu à New-York en 1905, elle rédigea la constitution du *Federal Council of the Churches of Christ in America.* Cette constitution fut ratifiée ensuite par toutes les églises adhérentes et en 1908 le *Conseil Fédéral des Eglises du Christ en Amérique* était définitivement constitué à Philadelphie.

Le but du Conseil Fédéral est de « manifester plus complètement l'unité essentielle des Eglises chrétiennes d'Amérique en Jésus-Christ, leur divin Seigneur et Sauveur, et de développer l'esprit de fraternité, de service et de coopération entre elles. » Le *Conseil Fédéral* proprement dit est une sorte de Concile Œcuménique très nombreux qui ne se réunit que tous les 4 ans. Chacun des 30 groupements adhérents a droit à 4 délégués, plus un membre par 50.000 fidèles: on obtient ainsi 400 délégués. Les décisions sont prises à la majorité des voix, mais, si un tiers des votants le demande, on doit procéder à un vote par corps et la décision doit être sanctionnée : *a*) par la majorité des délégués ; *b*) par la majorité des groupements ecclésiastiques votant par corps. Cette assemblée générale nomme un *Comité Exécutif* de 90 membres qui se réunit une fois par an et qui nomme lui-même un *Comité Administratif* qui se réunit tous les mois. Ainsi trois corps délibérants s'engendrent l'un dans l'autre, la suprématie demeurant toujours au Conseil Fédéral qui entre en session tous les 4 ans.

Ce qui a caractérisé le Conseil Fédéral des Eglises du Christ en Amérique et a assuré son succès c'est qu'il est un corps officiellement constitué par les Eglises, qu'il en dépend et ne peut prétendre à suprématie sur elles. Il réalise l'union des diverses dénominations en vue de l'action conquérante et non en vue de l'unité doctrinale. Toutes ces décisions ont le caractère de *recommandations,* de propositions aux Eglises fédérées et elles ne peuvent jamais être imposées d'autorité.

Trente dénominations américaines représentant la quasi-totalité du protestantisme américain évangélique ont adhéré au *Federal Council. L'Eglise Protestante Episcopale* ne collabore que pour certaines Commissions et n'est pas un véritable membre adhérent. Les *Eglises unitaires* sont exclues par les affirmations positives des statuts constitutifs sur Jésus-Christ, « divin Seigneur et Sauveur ». Mais le reste des Eglises protestantes américaines forme un faisceau très effectivement uni sous la direction du *Federal Council.* L'autorité de cette Fédération étant toute morale et dépourvue de sanction pratique, il a fallu pour la faire vivre et grandir, beaucoup d'habileté et de tact de la part de ses dirigeants. Le premier secrétaire général du Conseil Fédéral a été Elias B. Sanford auquel a succédé en décembre 1911 Charles S. Macfarland, qui a fait preuve, dans ces fonctions délicates, des plus rares qualités. Ces hommes avec l'appui des Présidents successifs du Conseil Fédéral, l'évêque Hendrix, un méthodiste ; le doyen Shailer Mathews, un baptiste ; le pasteur Frank M. North, un méthodiste, ont réussi à donner au Conseil Fédéral une autorité et une envergure considérables. Le nouveau président du Conseil Fédéral, élu à Boston en décembre 1920, est un presbytérien, Robert E. Speer, qui, bien que docteur en théologie *honoris causa*, est un laïque qui a toujours consacré son activité à la cause des missions étrangères. Des personnalités de premier ordre ont été placées à la tête d'une série de Départements ou de Commissions : Commission des Fédérations locales, Commission d'Evangélisation, Commission du Service Social, Commission des Eglises rurales, Commission de Tempérance, Commission de l'Education Chrétienne, Commission de Justice et Bonne Entente internationales, Commission des Relations avec l'Orient, Comité de Secours Chrétien en France et en Belgique, etc. Toutes ces organisations forment une ruche très active avec des bureaux à New-York et à Washington dont l'activité peut être mesurée par les chiffres suivants pour 1918 :

Volumes et publications distribués ...	5.479 993
Lettres envoyées	1.963 484

Le *Federal Council* comporte un Bureau de Presse, admirablement organisé, qui envoie des informations religieuses d'une manière méthodique, à des centaines de journaux divers.

Les bureaux du Conseil Fédéral à New-York sont situés dans un bâtiment situé 105 East, 22nd Street, appelé *United Charities Building,* où ils occupent une cinquantaine de pièces et emploient 75 personnes. Les années de guerre ont ouvert au Conseil Fédéral un champ d'action très large en lui permettant de représenter les églises protestantes américaines devant le gouvernement de Washington pour la question des aumôniers militaires et devant les églises et les gouvernements étrangers. Il a adressé aux Eglises Américaines une série de *Messages* dont quelques-uns contiennent des revendications sociales très hardies et qui tous sont de la plus haute inspiration chrétienne. Ces *Encycliques* protestantes sont des documents de grande valeur pour l'histoire des idées morales aux Etats-Unis. Le dernier chapitre de ce volume retrace l'activité du *Federal Council* pendant la guerre, aux Etats-Unis comme à l'étranger. Nul n'ignore en France le rôle éminemment utile que le *Conseil Fédéral des Eglises du Christ* et son actif secrétaire général, le Dr Ch. S. Macfarland, ont joué dans l'histoire des relations Franco-Américaines, pendant la grande guerre.

Mon dessein est plutôt en ce moment de signaler le rôle joué par le *Conseil Fédéral* dans l'organisation des Fédérations locales et régionales dans l'intérieur du pays et de montrer comment cet organisme ne cesse de travailler efficacement à l'union et à l'organisation pratique des forces protestantes américaines. Le Dr Roy B. Guild, qui est le secrétaire exécutif de la *Commission des Fédérations Inter-ecclésiastiques,* a consacré avec le plus grand succès toute son énergie à organiser, dans chaque Etat et chaque ville des Etats-Unis, la collaboration des Eglises protestantes. Il a résumé ses expériences dans un petit volume : *La Pratique de l'Unité Chrétienne* (1) qui est extraordinairement riche de suggestions et contient toute une philosophie des Eglises protestantes. Dans chaque grande ville, il convient, dit-il, d'organiser un bureau fédéral des églises avec un secrétaire capable, en vue d'éviter la duplication des efforts, d'économiser l'argent des églises et le temps des pasteurs. Groupées en une Fédération, les églises deviennent une puissance dans la localité et obtiennent immédiatement gain de cause dans des cas où les efforts individuels échouent. Divers exemples en font foi. A Gary (Indiana), l'*instruction religieuse* des enfants pendant la semaine était très mal assurée. La Fédération des Eglises locales adopta un programme unique, loua des locaux près des écoles publiques, s'entendit pour les heures avec les autorités scolaires et arriva à assurer à tous les enfants deux heures d'instruction relifieuse en semaine dans des conditions excellentes. A Cincinnati, la Fédération des Eglises locales dé-

(1) *Practicing Christian Unity,* New-York, 1919. On lira aussi avec le plus grand profit le *Manual of Interchurch Work* édité en 1917 par le Federal Council. Ces deux volumes sont extraordinairement riches en faits et en expériences.

clara la guerre aux *mauvais théâtres*. Deux furent obligés de fermer. Plusieurs autres offrirent de se prêter spontanément à une censure préalable du Comité Fédératif. Dans un grand nombre de villes la Fédération des Eglises a assuré la victoire de la cause de la *Tempérance*. A Pittsburg, la Fédération des Eglises s'est attaquée au *vice patenté* et à la police des mœurs. La lutte dura six ans, de 1912 à 1918, et fut marquée par un premier succès de la Fédération, anéanti plus tard par une décision de justice, mais elle a obtenu, en fin de compte, la constitution d'un Tribunal des mœurs qui a assuré la fin de l'omnipotence de la police spéciale en ces matières.

Ce n'est pas seulement dans le domaine de l'action morale que les Fédérations locales se sont montrées puissantes. Elles travaillent aussi à distribuer le territoire de la ville entre les diverses dénominations et à éviter les compétitions stériles entre églises voisines. Elles ont organisé de vastes campagnes d'*Evangélisation* poursuivies en même temps par toutes les églises d'une même ville. C'est ainsi que 92 églises de Buffalo ont résolu de suivre pendant trois mois un programme commun comprenant les mêmes sujets aux mêmes dates. Pareil effort est beaucoup moins coûteux qu'une campagne conduite par un évangéliste de profession venu du dehors, renforce les liens individuels entre chaque troupeau et chaque pasteur et évite la réaction qui suit souvent les campagnes des revivalistes étrangers. La puissance des Eglises protestantes de la ville est affirmée par une publicité systématique qui profite à toutes les dénominations, sans exalter l'une aux dépens des autres.

Le rôle de la Fédération locale est aussi de fournir aux pasteurs des faits et des statistiques incontestables concernant la localité et ses besoins. L'Américain a la passion des chiffres et des faits. Une affirmation qui ne peut être étayée par une démonstration arithmétique rend son auteur suspect. Les Fédérations ont ainsi mis à la disposition des pasteurs des données scientifiques vérifiées en vue de leurs appels en faveur de maisons saines, d'hôpitaux, d'œuvres charitables diverses. A aucun moment le pasteur ne peut être accusé de « précipitation », de « naïveté ». Les études techniques sont faites dans les bureaux de la Fédération ; il ne reste au prédicateur qu'à présenter l'appel en y ajoutant la chaleur de cœur indispensable.

On saisit le rôle bienfaisant et considérable joué par la Fédération locale. Organe purement officieux, sans autorité contraignante sur les Eglises coopérantes, elle symbolise cependant l'unité de volonté et d'action évangélique des Eglises protestantes. La Fédération ne possède d'autorité que si elle dirige bien ses mandants. Quel stimulant perpétuel en vue de l'action bonne et du réveil des églises ! Grâce aux expériences faites en commun, les Eglises protestantes américaines se rapprochent. L'aspiration vers l'union, et même l'unité de pensée, va sans cesse grandissant parmi elles. Et de même que les 48 *Etats* du territoire américain se sont *Unis* en une libre Fédération, on voit poindre le jour où les *Eglises Unies* d'Amérique constitueront leur puissant faisceau. Plus de cinquante secrétaires généraux de Fédérations locales, répandus dans toutes les parties du territoire américain, travaillent à hâter ce jour.

Le Dr Guild compare successivement la Fédération des Eglises locales à une *Chambre de Commerce* qui défend les intérêts communs à tous les commerçants, sans que chacun abandonne le contrôle de ses affaires, au *Conseil de Versailles* où les Alliés choisirent un chef pour mettre à exécution leurs plans communs, à une *équipe de football* où chaque co-équipier garde sa place, joue son rôle et assure le triomphe de tous. Que l'on choisisse la comparaison que l'on voudra. Il s'agit toujours d'une libre coopération en vue du succès commun, et d'une coopération qui réussit.

Il n'est pas possible de mentionner le *Conseil Fédéral des Eglises du Christ en Amérique*, sans marquer le rôle considérable qu'il joue dans les relations du protestantisme américain avec les églises étrangères. Il est le véritable Ministère des Affaires Etrangères du protestantisme américain. Des hommes très compétents se sont spécialisés dans la question des relations avec l'Orient (Chine, Japon) ou des relations avec les églises chrétiennes d'Europe. Des Messages dont quelques-uns ont une véritable valeur historique ont été adressés par le Conseil Fédéral au nom du protestantisme américain, à des églises, des chefs d'Etat ou des peuples. Le *Message au Peuple Français* que le Dr Macfarland remit en 1918 au Président Poincaré fut imprimé dans le *Journal Officiel de la République Française,* honneur que bien peu de documents internationaux ont obtenu. Voici ce document, adressé en juin 1918, c'est-à-dire à une des heures les plus tragiques de la guerre où la fortune de la France semblait bien incertaine :

MESSAGE DES CHRÉTIENS D'AMÉRIQUE AU PEUPLE DE FRANCE

Au nom des chrétiens d'Amérique, le Conseil Fédéral des Eglises Chrétiennes d'Amérique prie son conseil d'administration de transmettre ses salutations cordiales à leurs frères et sœurs, le peuple français.

Au delà des nuages amoncelés à l'horizon, au delà du tribut écrasant demandé par la guerre, des pertes, des sacrifices de toutes sortes, et qui nous affligent si profondément, nous avons admiré la splendeur de l'idéal qui pendant ces quatre années tragiques a constitué votre glorieux patrimoine, l'héritage que nous avons l'honneur maintenant de partager avec vous.

A aucune époque de son histoire la France n'a été plus riche qu'elle ne l'est aujourd'hui.

Nous commençons à comprendre non seulement la souffrance causée par la lutte présente mais les bienfaits qui en résulteront. Dans cette camaraderie des nations qui maintenant englobe notre patrie, nous sentons battre le pouls de la Ligue des nations, objet de nos prières.

Délégation après délégation circule entre les églises des différentes nations. Comme notre Secrétaire d'Etat le disait aux deux admirables délégués que vous avez envoyés auprès des églises d'Amérique « Vous nous apportez l'atmosphère et l'état d'esprit dont nous avons besoin ! »

C'est pour nous un grand honneur à l'heure présente de pouvoir prendre part à votre vie, de partager vos pensées, de souffrir avec vous, de nous sacrifier avec vous.

Le Conseil Fédéral et les chrétiens d'Amérique envoient un message de foi et d'encouragement à la France qui a versé son sang pour nous ; à la France qui a réalisé la prophétie de Jésus ; à la France qui a porté notre fardeau de souffrance, à cette nation qui, les yeux fixés sur le but final, sur son idéal, ne veut pas s'arrêter pour regarder ses blessures, pour compter ses mort ou pour mesurer sa coupe de douleurs.

Ils veulent vous exprimer leur joie à voir vos messagers de miséricorde rencontrer ceux que nous avons envoyés outre-mer. Ils sont heureux que nous ne fassions plus maintenant qu'un seul peuple, ils réclament l'honneur de mêler leurs larmes à celles de toutes les mères et de toutes les épouses françaises.

La jeunesse de nos écoles feuillette les pages de votre histoire et de votre littérature avec un intérêt inconnu jusqu'à ce jour. Elle étudie votre langue. Nos théologiens s'efforcent de comprendre votre vie spirituelle. Il n'est pas à l'heure présente un coin de l'Amérique où l'on ne remarque des preuves et des symboles de l'unité qui s'est accomplie et qui ne cessera plus.

Un orateur en quête d'applaudissements n'a qu'à mentionner la France ; pour toucher les cœurs de son auditoire il lui suffit de redire l'histoire de vos sacrifices.

Vous nous aidez à détrôner l'idole du matérialisme qui jadis avait tenté de nous subjuguer et sur laquelle nos ennemis comptaient pour nous lier les mains.

C'est de la France que nous parlons quand nous demandons à notre peuple de souscrire aux emprunts nationaux, quand nous lançons un appel aux volontaires, quand nous prêchons à notre population l'économie et le désintéressement qui nous permettent de partager nos ressources avec nos alliés. Vous nous avez montré plus clairement la distinction entre la justice et l'injustice, entre l'égoïsme et le sacrifice, entre la loyauté et la mauvaise foi.

Il ne nous appartient pas de discuter la politique ou la stratégie de nos gouvernements respectifs ; notre devoir est de créer une atmosphère dans laquelle ils seront guidés par la main de Dieu, d'inspirer du courage et de la persévérance à nos peuples en leur rappelant continuellement l'idéal moral et spirituel pour lequel nous luttons, d'offrir à nos nations tous les secours moraux possibles en ces jours de confusion, de maintenir les institutions qui ont pour but le renouvellement de nos âmes par le service et le culte du Très-Haut, et surtout de purifier nos cœurs de toutes pensées d'orgueil et d'égoïsme, afin que nos peuples, nos défenseurs, nos patries restent en communion avec l'Infini.

Notre devoir est, avant tout, comme notre Président l'a dit dans son dernier message au peuple d'Amérique, de prier le Très-Haut de nous pardonner nos péchés et nos imperfections en tant que nation, de purifier nos cœurs afin que nous puissions voir et aimer la vérité, accepter et défendre tout ce qui est juste et équitable, ne nourrir aucun dessein et ne passer aucun jugement qui ne soit conforme à sa volonté. Prions Dieu de donner la victoire à nos armées dans leur lutte pour la liberté, d'inspirer de la sagesse à ceux qui délibèrent sur les affaires de la nation en ces jours d'effort tragique et d'angoisse ; puisse-t-il donner à notre peuple la détermination de faire les suprêmes sacrifices pour la justice et la vérité ; puisse-t-il nous donner enfin la paix qui permettra à l'humanité de respirer librement car cette paix sera fondée sur la miséricorde, la justice et la bonne volonté.

Le 10 juin 1918.

Frank Mason NORTH,
Président du Conseil Fédéral des Eglises Chrétiennes d'Amérique.

James I. VANCE,
Président du Comité Exécutif.

Albert G. LAWSON,
Président du Conseil d'Administration.

Le *Conseil Fédéral des Eglises du Christ* s'interdit de travailler à la suppression des diverses dénominations qu'il fédère. Il répand l'esprit d'union et d'unité mais il ne saurait travailler à une fusion administrative ou doctrinale des diverses branches du protestantisme américain. A ce titre il est apparu timoré et insuffisant à quelques esprits. De là l'apparition, au cours des dernières années, de deux mouvements dits : *Organic Church Union* et *Interchurch World Movement*. Mais l'un et l'autre semblent n'avoir pas réussi à établir une organisation comparable par la souplesse et la vitalité au *Conseil Fédéral.*

L'Assemblée Générale de l'Eglise Presbytérienne à Colombus (Ohio) en mai 1918 décida d'organiser un mouvement en faveur de l'*Union Organique* des Eglises Evangéliques des Etats-Unis. Une première conférence eut lieu à Philadelphie en décembre 1918 et fut suivie d'autres réunions. L'ambition des promoteurs du mouvement était d'arriver à une union organique étroite, à une véritable fusion des Eglises évangéliques américaines. Mais plusieurs Eglises ont refusé d'envoyer des délégués aux Assemblées Constitutives de *l'Union Organique des Eglises,* telle l'Eglise Baptiste, en mai 1919. Le mouvement, dès le début, n'a pas pu prendre l'ampleur rêvée. Il semble qu'il s'agisse là d'une tentative prématurée et qu'il soit plus sage, pendant longtemps encore, de développer des plans de *Fédération* plutôt que d'*Union Organique* de l'ensemble des églises protestantes américaines.

L'Assemblée Générale de l'Eglise Presbytérienne du Nord qui s'est tenue en mai 1920 à Philadelphie a donné son approbation à un projet plus limité ayant pour objet l'union étroite des deux

Eglises Presbytériennes Nord et Sud et des Eglises Réformées. Selon toute apparence, « *L'Assemblée Unie des Eglises Presbytériennes et Réformées des Etats-Unis d'Amérique* » verra le jour d'ici un ou deux ans et marquera un pas décisif vers l'union organique de toutes les forces Presbytériennes, en attendant l'union organique de toutes les forces protestantes.

L'*Interchurch World Movement* (Mouvement Mondial Interecclésiastique) qui a considérablement remué le monde des Eglises Protestantes américaines en 1919 et en 1920 était une entreprise considérable qui avait pour ambition d'unir les efforts missionnaires de toutes les Eglises Protestantes américaines. Il ne s'agissait aucunement de travailler à la fusion des diverses dénominations, mais de présenter au grand public un programme mondial d'activité protestante et d'obtenir les ressources nécessaires pour le réaliser. Les initiateurs ne cherchaient pas à créer une Société missionnaire nouvelle, mais à grouper les appels et à totaliser les budgets de toutes les œuvres de conquête protestante des 30 dénominations américaines les plus importantes. C'était, au fond, moins un mouvement religieux qu'une campagne financière particulièrement savante et étendue. Le Mouvement se livra d'abord à des enquêtes minutieuses pour établir les œuvres les plus urgentes à poursuivre par les diverses Eglises dans le domaine des missions intérieure et extérieure, et à évaluer le coût de l'entreprise. Ces travaux, dont plusieurs ont la plus grande valeur, ne purent pourtant se poursuivre avec la liberté et le temps nécessaires. Devant les frais généraux sans cesse croissants, il fallut dresser rapidement un budget et un programme d'action pour cinq années et fixer l'appel financier à la semaine du 25 avril au 2 mai 1920. Le but était d'obtenir des engagements pour 336 millions de dollars dont 175 millions payables en 1920.

La campagne financière se poursuivit dans toutes les églises des 30 dénominations protestantes qui avaient adhéré au Mouvement, selon les méthodes qui avaient assuré pendant la guerre le succès des *Drives* du *Y. M. C. A.* et de la *Croix-Rouge.* Elle n'obtint pas tout le succès espéré. Les souscripteurs promirent 180 millions de dollars, somme énorme, mais qui représentait pour la plus grande part le groupement des budgets annuels ordinaires d'œuvres missionnaires existantes. Et, surtout, les frais généraux et les frais de publicité de la campagne n'étaient pas couverts. On avait compté que ces frais communs seraient entièrement couverts par des dons de *Friendly Citizens,* ou philanthropes bénévoles, étrangers aux Eglises mais susceptibles d'en apprécier la valeur éducative et sociale. Malgré une publicité intense et persuasive, on ne put réunir de ce côté-là que 3 millions de dollars, alors que les dépenses étaient de 10. Il fallut faire appel à la garantie des Eglises coopérantes pour solder la différence, ce qui n'alla point sans de vifs mécontentements.

L'échec partiel de *l'Interchurch World Move-*

ment a été l'échec d'une campagne financière trop hâtive et imprudemment menée, mais n'a atteint aucunement la vitalité des églises protestantes américaines. Le correspondant New-Yorkais de la *Croix* a présenté ce résultat à ses lecteurs comme un *Krach protestant* (1), ce qui est une audacieuse méconnaissance des faits. Les journaux protestants américains ont, au contraire, tiré soigneusement les leçons pratiques de l'aventure. La première est que la générosité des « citoyens philanthropes » est un mythe : ce sont les chrétiens seuls qui donnent pour les œuvres d'inspiration chrétienne, et les Eglises doivent compter uniquement sur leurs propres membres pour assurer leurs budgets. La seconde est que l'union des Eglises ne se fera pas par une campagne financière, même triomphale. C'est là une œuvre qui se fera par le dedans et par le dehors, qui sera le résultat d'une poussée de la conscience chrétienne et non d'un Comité, comptât-il parmi ses membres les plus grands chrétiens de l'Amérique. On peut être certain que l'expérience servira et que le désir intense d'union, d'organisation effective qui anime toutes les Eglises Protestantes américaines ne sera ni affaibli ni compromis par les résultats imparfaits de la campagne *Interchurch* de 1920. Les Eglises se grouperont davantage autour du *Federal Council* dont la constitution, plus sage et moins ambitieuse, a résisté victorieusement depuis plusieurs années à

(1) *La Croix*, 19 août 1920.

l'épreuve des faits et des difficultés de la guerre. Mais ces efforts incessants, ces tentatives variées des églises protestantes américaines pour arriver à une organisation fédérative puissante, à une mise en valeur complète de toutes leurs ressources en hommes et en argent pour le salut de l'Amérique et du monde entier, sont une preuve magnifique de leur vitalité et de leur foi. Le protestantisme américain a pris conscience de son unité fondamentale et il la manifestera de jour en jour davantage en paroles et en actions. Les Etats-Unis d'Amérique resteront au XXe siècle une des grandes nations protestantes du monde et une de celles qui possède les droits les plus sérieux à la direction du protestantisme universel.

Il ne sera, sans doute, pas inutile de signaler encore que les Eglises protestantes Américaines se sont unies pour adopter une déclaration commune dans les problèmes d'ordre économique et social. Elles ont un *Credo Social* comme elles ont un *Credo Religieux* et ce Credo Social est même plus uniforme que les Credos Religieux des diverses dénominations. Le programme social du *Conseil Fédéral des Eglises du Christ* a été voté et remis à jour successivement en 1908, 1912, 1916. Il débute par le préambule suivant : « Le Conseil Fédéral des Eglises du Christ en Amérique exprime sa conviction profonde que le programme des Eglises doit comprendre l'apparition sur la terre d'une civilisation chrétienne conforme aux enseignements moraux de Jésus-Christ et contrôlée par son esprit. »

Suivent les 16 articles du Credo Social des Eglises :

« L'Eglise demande :

I. Droits égaux et Justice égale pour tous les hommes dans toutes les circonstances de la vie.

II. Protection de la famille, par un seul idéal de pureté, par des lois uniformes sur le divorce, par une réglementation convenable du mariage, par des habitations saines.

III. Droit de l'enfant à son développement complet, grâce à l'octroi d'une éducation et d'un temps de récréation suffisants.

IV. Abolition du travail des enfants.

V. Réglementation du travail féminin, de nature à sauvegarder la santé physique et morale de tous.

VI. Cessation et prévention de la misère.

VII. Protection de l'individu et de la société contre le gaspillage social, économique et moral entraîné par l'alcoolisme.

VIII. Conservation de la santé publique.

IX. Protection des travailleurs contre les accidents et les maladies professionnelles.

X. Droit de tout homme à la liberté du travail, contre toute influence oppressive. Protection des ouvriers contre le chômage forcé.

XI. Indemnité convenable pour les ouvriers âgés ou victimes d'incapacités de travail.

XII. Droit des employés et des employeurs à se grouper en organisations ; mesures de conciliation et d'arbitrage dans les conflits industriels.

XIII. Repos un jour sur sept.

XIV. Réduction graduelle et raisonnable des heures de travail jusqu'au degré minimum praticable. Octroi de la quantité de loisir nécessaire pour atteindre le degré supérieur de la vie humaine.

XV. Salaire nécessaire à la vie (*Living wage*) considéré comme un minimum dans toute industrie et salaire aussi élevé que possible dans chaque industrie particulière.

XVI. Demande instante de l'application des principes chrétiens à l'acquisition et à l'usage de la propriété ; et division équitable des produits de l'industrie.

A ces principes généraux, forcément un peu vagues, et dont plusieurs cependant ne manquent ni d'énergie ni d'audace, le *Conseil Fédéral* ajoute un Message annuel destiné à être lu dans les Eglises le jour du *Dimanche du travail*. En 1919, au lendemain de la guerre, le Conseil Fédéral a adressé sous le nom de l'*Eglise et la Reconstruction sociale* un message particulièrement riche et détaillé où les questions des hauts salaires, des impôts de guerre, du vote des femmes, etc. étaient librement abordées. Ce manifeste est une démonstration significative de l'unité d'esprit dans lequel les Eglises protestantes Américaines travaillent à promouvoir les principes de la justice sociale et de la démocratie chrétienne. Ces Eglises ne craignent pas de faire entendre leur voix à propos de toutes les questions vitales pour l'avenir de leur pays et peuvent parler au nom de tous.

Sous l'inspiration de Carnegie, et grâce à un *Fonds* de deux millions de dollars constitué par le Roi de l'Acier, un grand nombre de pasteurs et d'églises Américaines se sont constitués en Ligue pour la paix. Cette association a, du reste, un caractère international et s'appelle *Alliance mondiale pour l'amitié internationale par le moyen des Eglises* (World Alliance for International Friendship through the Churches). Elle groupe toutes les confessions chrétiennes de tous les pays en vue de l'application des principes chrétiens aux questions internationales. Cette association organisée à New-York en février 1914 eut sa première assemblée générale à Constance le 1er août 1914, le jour même de la déclaration de guerre de l'Allemagne. C'était un étrange début, mais de nouvelles réunions ont eu lieu en 1919 et en 1920 pour mettre toutes les forces de la chrétienté au service de la cause de la paix. L'*Alliance mondiale,* si elle n'a pas été constituée officiellement par les Eglises, n'en a pas moins eu les plus heureux résultats pour les grouper en vue de la revendication de la paix entre les nations. Ses efforts ont certainement contribué à l'attitude *unanimement* favorable à la *Ligue des Nations,* plus ou moins amendée, qui a été adoptée par les Eglises protestantes Américaines en 1920. Les manifestations officielles des Eglises Baptiste, Congrégationaliste, Episcopale, Méthodiste, Presbytérienne, Réformée, etc., au sujet de la *Ligue des Nations*, en 1920, ont été rassemblées dans un numéro du *Christian Work*, à la date du 25 septembre 1920. Elles témoignent d'une remarquable unanimité d'esprit et montrent que les Eglises Protestantes Américaines ont bien un même idéal moral et sont résolues à en assurer le triomphe.

CHAPITRE III

Méthodes des Eglises Américaines

Dans la description rapide que j'ai donnée des diverses Eglises protestantes Américaines, le lecteur n'a pu manquer d'être frappé du fait que par leurs origines historiques, par leurs traditions et hélas ! par leurs divisions aussi, les Eglises Américaines sont très proches des Eglises protestantes européennes. Mais ce qui constitue leur originalité, ce qui fait qu'elles sont *Américaines* et non Européennes, ce sont leurs méthodes, méthodes de publicité, méthodes financières, méthodes d'évangélisation conquérante. Celui qui ne connaîtrait des Eglises Américaines qu'une liste de noms, ne les connaîtrait pas vraiment. L'originalité, la vitalité, l'esprit agressif et conquérant de ces Eglises lui auraient entièrement échappé.

En réalité, l'œuvre accomplie par les Eglises protestantes Américaines est prodigieuse, et je ne crois pas qu'on puisse lui trouver d'analogue, en aucun point de la chrétienté. Elles ont progressé à travers mille obstacles. A la fin du XVIIIe siècle, après la guerre d'Indépendance, il n'y avait aux Etats-Unis presque plus de pasteurs ou de ministres réguliers. Dans les cercles instruits, l'influence de Voltaire et de Thomas Paine était souveraine ; les émigrants des campagnes retournaient rapidement au paganisme. Or nous voyons aujourd'hui, en 1921, les Eglises Protestantes jouir d'une vitalité merveilleuse et compter le quart de la population totale comme membres adultes régulièrement inscrits. Ces Eglises ont assimilé et christianisé les flots d'immigrants disparates qui se sont succédés pendant tout le XIXe siècle. Elles ont survécu à la grande lutte fratricide qui a divisé la nation à propos de l'esclavage. Leur volonté de faire Christ roi ne s'est jamais relâchée. Ce sont les Eglises protestantes du XIXe siècle qui ont pétri l'âme de la nation Américaine, nation où la foi chrétienne est en honneur, et où le Chef de l'Etat rédige chaque année à l'occasion du *Jour de Reconnaissance National* (Thanksgiving Day) un véritable mandement religieux. Sans doute, l'immigration incessante menace les résultats acquis et l'âme Américaine pourrait se modifier dans l'avenir. L'afflux des Irlandais renforce, sans cesse, l'Eglise Catholique Romaine dont les prétentions s'affirment. Sur 17 millions d'adhérents, l'Eglise Catholique Romaine, d'après ses propres déclarations, en compte 9 millions qui ne parlent pas l'anglais. Le Cardinal Gibbons s'est élevé récemment, au nom de son Eglise, contre un projet de loi interdisant de donner dans les écoles privées l'enseignement en langue étrangère (1). Au contraire, la volonté d'assimiler, d'américaniser rapidement les éléments indifférents et étrangers s'est toujours affirmée chez les Eglises Protestantes Américaines.

Quelques chiffres sur les mouvements de la population des Etats-Unis feront mesurer la tâche formidable des Eglises de ce pays et l'importance des succès que nous avons déjà signalés. Le recensement de 1920 a donné comme chiffre total de la population des Etats-Unis d'Amérique 105.683.108 habitants. Si l'on ajoute les territoires d'outre-mer (Porto-Rico, Alaska, Hawaï, Philippines, etc.) représentant 12 millions d'habitants, on constatera que 118 millions d'êtres humains vivent aujourd'hui sous la protection de la bannière étoilée. De 1870 à 1910, soit en 40 ans, la population des Etats-Unis proprement dits a *doublé*. De 1900 à 1910, la population s'est accrue de 21 0/0. De 1910 à 1920, la population s'est accrue de 15 0/0 seulement, la guerre mondiale ayant ralenti l'immigration. Mais il est à prévoir que de 1920 à 1930 l'accroissement de la population reprendra à la vitesse de 20 0/0 par décade, au moins. Les journaux américains affirment que 15 millions d'Européens ont demandé en 1920 l'autorisation d'immigrer aux Etats-Unis.

On compte, en 1920, 55 millions d'habitants, soit 52 0/0 du total, vivant dans des agglomérations de plus de 2.500 habitants ; les 50 autres millions for-

---

(1) *Etudes de la Cie de Jésus*, 1920, p. 631.

ment la population fermière et rurale. De plus, pendant la décade 1910-1920, on a pu constater que la population urbaine s'est accrue de 28 0/0 et la population rurale de 3 0/0 seulement, indice d'un mouvement sensible d'émigration interne vers les villes. La rapidité et l'immensité de ces mouvements de population exigent des Eglises protestantes Américaines qui veulent américaniser et christianiser les masses anciennes comme les nouveaux-venus sans liens ethnique ni linguistique, une énergie aussi incessante que variée. Il est donc de première importance dans un volume consacré aux Forces du Protestantisme Américain contemporain de signaler et d'étudier quelques-unes des méthodes qui ont assuré jusqu'ici les progrès des Eglises Protestantes Américaines.

I. MÉTHODES DE PUBLICITÉ

La publicité est pour l'Américain un art, et un art passionnant. Dans toutes les villes il y a des *Ad Clubs*, réunissant les hommes qui, par profession ou par goût, s'intéressent aux *advertisements*, à la publicité.

On attribue à Emerson cette phrase qui exprime l'opinion de bien des Européens, en matière de publicité : « Si un homme prêche un meilleur sermon, écrit un meilleur livre ou construit une meilleure souricière que son voisin, le monde fera une route jusqu'à la porte de cet homme, quand même il vivrait au fond d'une forêt. » A quoi un Yankee, amateur de publicité, a répondu : « Personne au monde ne fera jamais une route pour arriver à votre porte, quelque excellentes que soient vos souricières, à moins que vous ne leur fassiez une réclame large et persistante, que vous n'offriez un repas gratuit aux visiteurs de la fabrique de souricières et que vous n'alliez les chercher en automobile à la gare. Les bonnes fabriques de souricières ont de bonnes routes macadamisées et des corbeilles de fleurs le long de la route ! »

La vérité, en matière de publicité, est sans doute entre ces deux extrêmes... Les Eglises Américaines peuvent d'autant moins se soustraire à la nécessité d'une publicité bien entendue que leur activité s'exerce au milieu d'une population d'immigrants très peu homogène et qui se déplace avec une rapidité extrême. Plus de 50 0/0 de la population Américaine est aujourd'hui groupée dans les villes et cette population, sans traditions, sans racines, ne peut être atteinte que par les moyens de la publicité ordinaire.

Approchons-nous d'une Eglise protestante. La première chose qui nous frappera sera, le plus souvent, un Tableau Indicateur à lettres mobiles invitant en quelques mots frappants et pittoresques le passant à s'intéresser à la prochaine réunion de l'Eglise. L'écusson de bois peint avec des indications inamovibles, cher aux Eglises anglaises, est aujourd'hui périmé. Un cadre élégant de bois ou de métal protège de sa glace des bandes d'acier noirci sur lesquelles s'accrochent des caractères blancs sur fond noir de divers formats, de manière à ce que l'ensemble soit aussi varié et visible que possible.

Ce tableau a été appelé la *Vitrine de l'Eglise.* De même qu'un marchand montre aux passants des spécimens de ses marchandises et excite leur curiosité par ses étalages, de même le tableau indicateur révèle à la foule qui passe les faits et les idées que l'Eglise offre à tous et qui constituent sa raison d'être. Dès le jeudi soir de chaque semaine, on y affiche les listes des réunions du dimanche suivant. Le sujet de la prédication et la personne du prédicateur sont caractérisés en quelques mots frappants. Souvent un mot d'ordre précède l'avis du jour :

Il n'y a pas de meilleur Endroit
Pour passer son dimanche soir que
ICI

Le thermomètre d'une Eglise
Est sa Réunion de prières :
Venez, ce soir, nous aider à
FAIRE MONTER LE THERMOMÈTRE !

J'ai vu un pasteur du Colorado annoncer son discours de rentrée, après des vacances passées dans les montagnes, en ces mots :

« *Le monde vu de 6.000 pieds de haut.* »

J'ai vu, hélas ! mes propres discours et ma propre personne annoncés au public des rues par ces tableaux en termes lamentablement hyperboliques. Le tableau ne sert pas seulement à annoncer ce qui se fait et ce qui se dit dans l'Eglise, à *tenir la porte ouverte* devant les passants. Le tableau se fait prédicateur lui-même du lundi au jeudi. On y inscrit de beaux versets de la Bible comme Ps. 27/1 ; Ps. 121/8 ; II. Corinth. 12/9, etc., ou bien des phrases de Lincoln, de Washington, des pensées d'auteurs chrétiens, des strophes de cantiques, etc., « *Le tableau prêche pendant que le pasteur dort* », ainsi que le répètent les fabricants de ces tableaux indicateurs qui établissent des modèles à lettres lumineuses, ou éclairés avec des projecteurs, pour le soir. Il y a certainement là pour les Eglises un moyen d'action très digne et très efficace, un procédé très heureux pour maintenir le contact perpétuel entre l'Eglise et le passant. Même si ce dernier ne franchit pas le seuil de l'édifice, il sait que l'Eglise vit et s'intéresse aux sujets du jour.

Et maintenant entrons dans l'Eglise pour assister à un service religieux. Nous trouverons sur chaque siège le *Programme du jour*, très soigneusement imprimé, nous donnant les noms et adresses du pasteur et des dirigeants de l'Eglise, puis l'ordre du Service, avec les numéros des cantiques et les titres des morceaux de musique ou des chœurs qui seront exécutés aux cultes du matin et du soir. Si le feuillet comprend quatre pages, on y trouvera, soit des nouvelles de l'Eglise, soit une belle prière ou un cantique remarquable. Parfois le pasteur y placera un message de circonstance, tel que celui que le pasteur Francis-L. Beal, de Peabody dans le Massachussetts, rédigea au mois de juin comme *Message de saison :*

> « Le Seigneur est dans sa demeure sainte... *excepté en été.*
>
> O Eternel que tes tabernacles sont aimables... *excepté en été.*
>
> Mon âme soupire et languit après les parvis de l'Eternel... *excepté en été.*
>
> Prêche la parole, insiste en toute occasion, favorable ou non... *excepté en été.*
>
> Ne désertez pas nos saintes assemblées... *excepté en été.*
>
> Etc. »

A la fin du programme, nous trouvons parfois cette disposition typographique :

RENSEIGNEMENTS POUR LE PASTEUR

Etrangers qui aimeraient rencontrer le pasteur	Désireux de devenir membres de l'Eglise	Changement d'adresse	Maladie	Demande à être visité

Marquer d'une croix la catégorie où vous vous trouvez et déposez ce bulletin dans le plateau de la collecte.

Nom ....

Adresse ....

Ainsi par le moyen de ce discret programme, l'étranger n'éprouve aucune difficulté à suivre le culte dans une Eglise où il pénètre pour la première fois et à faire tenir au pasteur une information personnelle, sans l'importuner à la fin du service.

Le visiteur européen est frappé de la place considérable que tient la *Musique religieuse* dans les services des Eglises Américaines. Même les cultes les plus ordinaires dans les églises les plus modestes comportent l'exécution de beaux morceaux de musique classique par l'orgue, de chants en solo ou de chœurs. Cette place importante faite à la musique donne aux services des Eglises Américaines une ampleur et une beauté toutes spéciales. Très souvent des chants patriotiques et même la *Marseillaise* sont exécutés dans les Eglises et soulèvent l'enthousiasme des fidèles. La partie musicale du culte constitue l'une des attractions les plus goûtées. Les titres et les auteurs des morceaux choisis par l'organiste et les paroles des chants sont toujours soigneusement indiqués par le *Programme du jour*.

A la sortie, le visiteur recevra souvent le *Programme du mois* ou le *Programme de l'hiver*, l'informant du sujet des prédications et des conférences pour un mois ou une saison, et l'engageant ainsi à une fréquentation régulière et raisonnée de l'Eglise où il vient de pénétrer. S'il revient, il sait pourquoi il revient et ce qu'il entendra à telle date. L'expérience a prouvé l'efficacité très grande d'un programme soigneusement préparé, pour stimuler la fréquentation du culte et la vérité de cette maxime chère aux ouvrages sur les méthodes d'Eglises : « Tout pasteur intelligent doit avoir pour lui-même un programme pour chaque semaine et chaque jour et pour son Eglise un programme pour chaque année et chaque mois. » Voici un programme-type pour les trois mois d'hiver, proposé par le Comité de Publicité de Columbus aux Eglises de son ressort :

DECEMBRE. — Mois de Préparation

31. *Jour des visites à domicile.*
Matin : Notre programme d'Eglise et la campagne à faire dans la cité.
Soir : L'Eglise et ma résolution pour l'année nouvelle.

JANVIER. — Le mois où l'on va a l'église

7. *Matin :* Religion d'abord !
Soir : Le fait de Dieu.
14. *Matin :* Ce que le Christianisme a fait pour l'humanité au point de vue social, moral, spirituel.
Soir : Christ, l'unique Sauveur des individus et de la Société.
21. *Matin :* Le plan spirituel et social de Jésus. Math. 6-10.
28. *Matin :* L'Eglise, élément essentiel d'une chrétienté efficace.
Soir : Vous avez besoin de l'Eglise et l'Eglise a besoin de vous.

FEVRIER. — MOIS DE FRATERNITÉ FAMILIALE ET SOCIALE

4. *Dimanche* de l'éducation chrétienne et semaine de prières pour les Universités et les étudiants.

11. *Dimanche* du Foyer et de la Famille.

Matin : Responsabilité des parents dans la religion de la famille.

Soir : Le Foyer chrétien, pierre angulaire de la Société.

18. *Dimanche* des Missions étrangères.

25. *Dimanche* de la Mission intérieure et de l'évangélisation.

MARS. — MOIS DU SERVICE CHRÉTIEN, DE L'ACTIVITÉ FINANCIÈRE ET CONQUÉRANTE

1-15. Campagne financière et de service chrétien.

4. *Dimanche* du service chrétien.

5-10. Le Christianisme et le monde moderne.

11. *Dimanche* de la campagne financière.

18. Début de deux semaines de réunions en vue d'un effort d'évangélisation et de conquête dans chaque Eglise, réunions à organiser suivant le plan individuel de chaque Eglise (1).

(1) Mac Garrah, *Practical Interchurch Methods* p. 76.

Le programme précédent n'est qu'un canevas général. Mais on comprend qu'il est très avantageux que les mêmes dates pour les mêmes sujets soient acceptées par toutes les Eglises protestantes d'une même ville et d'une même région. Il est alors possible d'entreprendre une campagne de publicité intensive dans tous les journaux politiques de la région intéressée et chaque Eglise individuelle bénéficiera de cet effort collectif pour son propre développement.

Reprenons le programme-type :

Pour assurer le succès de la journée du 31 décembre, dite *Dimanche des visites à domicile,* chaque Eglise coopérante recrutera des équipes de deux visiteurs, qui auront pour mission de visiter une rue et de laisser dans chaque maison visitée un programme imprimé en y joignant quelques explications amicales. Chaque visiteur reçoit une feuille de Conseils où il lui est recommandé de faire une visite très brève dans laquelle il devra se présenter, non comme un particulier, mais comme un ambassadeur du Christ et un messager de l'Eglise. Il ira le samedi après-midi entre 2 et 5 heures et devra terminer sa tâche en trois heures. Quelquefois ces visites se feront avec une telle méthode et une telle précision qu'on pourra en profiter pour établir un recensement religieux de la population.

En janvier commence *le mois où l'on va à l'Eglise.* Sur ce thème général apparaîtront chaque samedi dans les journaux locaux, mille variations ingénieuses :

UN BON COMMENCEMENT POUR 19...

Demain est le premier dimanche de l'année. Commencez-la bien : Allez à l'Eglise !

Veuillez considérer ceci comme une invitation personnelle. L'Eglise possède quelque chose dont vous avez besoin.

Etes-vous solitaire ? isolé ? étranger dans la foule ? Allez à l'Eglise demain et faites l'expérience de son esprit amical. N'y apportez pas un esprit froid, vous attendant à des rebuffades, mais prenez une part active à ce qui se fera et vous serez heureux dans la compagnie d'autres chrétiens.

Etes-vous malheureux à cause de vos mauvaises actions ? L'Eglise vous aidera à trouver force et joie grâce au pardon de Dieu.

Vous vous honorez vous-même en allant à l'Eglise. Suivez la foule ! Demain ! A l'Eglise !

ou encore :

George Washington allait à l'Eglise

Demain est son anniversaire de naissance : que la ville de Grand Rapids suive son exemple, le jour de son anniversaire !

George Washington croyait à l'utilité de l'adoration. Il montrait sa reconnaissance envers Dieu.... Il croyait nécessaire de dire « Merci ! » à Dieu.... Et vous ?

ou encore :

FRÉQUENTEZ L'ÉLITE !

Dis-moi qui tu hantes et je te dirai qui tu es !

Allez à l'Eglise ! Recherchez la compagnie de *Lincoln* qui manquait rarement un culte,

de *Washington* qui était un fidèle membre d'Eglise,

de *Lloyd George*, Prédicateur laïque, fils de pasteur,

de *Woodrow Wilson*, ancien d'Eglise, fils de pasteur,

de *Foch*, de *Pershing*, de *Bliss* (autre fils de pasteur), de *Grant*, de *Lee*, de presque tous les grands chefs militaires de la démocratie moderne, tous membres d'Eglise.

Choisissez ces compagnons là !

Faites l'appel de nos derniers Présidents : *Taft*, un Unitaire ; *Roosevelt*, un Réformé ; *Mac Kinley*, un Méthodiste ; *Harrison*, un Presbytérien ; *Garfield*, un Disciple du Christ ; tous furent d'actifs membres d'Eglise ou même des orateurs religieux.

Faites votre compagnie de *Elihu Root*, un Episcopal, de *Hughes*, un Baptiste, etc.

Fréquentez une Eglise et devenez-en membre.

ou encore des annonces plus courtes, d'une originalité piquante :

ON DEMANDE 25.000 hommes dans les Eglises de la Ville demain : Soyez l'un d'entre eux.

FAITES PLAISIR à votre mère : Allez à l'Eglise demain.

AIMEZ-VOUS LA PÊCHE ? Pierre dit : « Je vais pêcher. » Demain tous les Prédicateurs de la ville prêcheront sur ce texte et diront où Pierre alla et ce qui arriva. Allez les entendre et vous saurez le reste.

SAVIEZ-VOUS que ce mois-ci est le mois où l'on va à l'Eglise ? Maintenant vous le savez. Vous aiderez donc la bonne cause chaque dimanche.

SATISFAIRE NOS CLIENTS est notre meilleure réclame. 6.000 d'entre eux fréquentent nos 18 Eglises fédérées.

etc., etc.

Lorsque le premier mois sera écoulé, la verve de nos annonciers ne sera pas tarie et les journaux attireront l'attention du grand public sur le Dimanche des Missions :

Arrêtez-vous un instant pour réfléchir ! Vos ancêtres étaient, il y a 2.000 ans, dans le même état de misère et de barbarie où nous voyons aujourd'hui les Hottentots de l'Afrique ou les Indiens de l'Arizona.

Rappelez-vous ! Quand Jésus vint sur la terre les Chinois étaient des savants et les Hindous des « gentlemen » en comparaison de vos ancêtres Anglo-Saxons, Ecossais, Scandinaves et de la plupart des Européens.

Pourquoi sommes-nous bien habillés, bien logés, bien instruits au lieu de vivre dans des huttes de boue sordides?

Pourquoi avons-nous des livres, des écoles et tout ce qui manque aux Zoulous illettrés ?

Parce que les missionnaires chrétiens sont venus vers vos ancêtres sauvages, leur ont appris à lire et à écrire, à tenir propres leurs corps et leurs cœurs, à regarder vers Dieu, à vivre honorablement et honnêtement avec leurs voisins.

C'est aux *Missions Chrétiennes* que vous devez tout ce que vous avez de bon et tout ce qu'il y a de bon en vous, etc.

ou encore :

Ayez pitié de 10 millions de bébés !

Savez-vous qu'un million de bébés meurent chaque mois dans les pays païens, faute de docteurs et d'infirmières chrétiens, faute d'éducation médicale et sociale ?

L'Amérique a bien fait de se dresser épouvantée lorsque de 1914 à 1918 un million d'enfants moururent en Europe de misère et de maladie, mais sachons contempler en face cette vérité effroyable que 10 millions de bébés meurent chaque année de maladies curables, dans les pays où vont les missionnaires Américains, etc.

Disons enfin quelques mots du programme prévu pour mars. L'époque n'a pas été choisie au hasard. Les Eglises Américaines ont constaté que les semaines qui précèdent Pâques sont celles où les fidèles prennent les choses religieuses le plus au sérieux et qu'après tous les appels de l'hiver, il est normal de recueillir la moisson. Ces Eglises joignent toujours l'idée de service social, de fraternité civique, à celle de l'évangélisation. Ce sont les deux pôles d'une même sphère. La guérison des corps et le salut des âmes doivent être unis au même rang des obligations chrétiennes primordiales, suivant l'exemple donné par Jésus lui-même dans l'Evangile.

Les Eglises protestantes Américaines ont ajouté, en somme, aux fêtes séculaires de l'Eglise un certain nombre de *Jours* dont la célébration échelonnée, stimule et maintient le zèle des fidèles. On célèbre la *Journée automobile* où chaque possesseur d'automobile est invité à amener dans sa voiture le plus grand nombre possible de membres de l'Eglise. Un sermon spécial est adressé aux automobilistes. Au printemps, c'est la *Journée des Mères*, spécialement consacrée au souvenir du dévouement maternel ; en novembre, la *Journée de Reconnaissance ;* le premier dimanche de septembre, le *Dimanche du Travail*, veille du jour fixé par le parti socialiste pour la fête du travail, etc.

A la fin de septembre, au moment de la reprise de l'activité générale, la plupart des Eglises ont un « *Rally Day* » ou *Journée de Ralliement*. Le but est de réunir la totalité des membres de l'Eglise pour un culte solennel. Les invitations les plus pressantes et les plus variées sont adressées aux fidèles. Chacun reçoit une carte multicolore où, par exemple, les pavillons de l'alphabet international maritime représentent les quatre lettres C. O. M. E. « *Venez.* » ! Ou bien c'est une image représentant un gentleman avec une ficelle attachée au bout du doigt : « Attachez une ficelle au bout de votre doigt pour bien vous rappeler que notre journée de Ralliement est le... ».

Voici un ordre du service un peu théâtral, adopté pour la *Journée de Ralliement* par une Eglise de Brockton (Massachussetts) :

Une Voix parle : « Je suis l'Esprit de l'âge moderne, d'une époque née des conflits de la grande guerre..... Je vous appelle à vous Rallier tous pour rendre ce monde meilleur. J'invite les conducteurs de ce peuple à se rallier ».

Suit un Appel nominatif du pasteur, du directeur du chœur, du directeur de l'Ecole du Dimanche, etc... Ils répondent :

— « Pour amener ce peuple à honorer Dieu, à penser et à vivre saintement.................... nous nous Rallions » !

Sonnerie de trompette.

La Voix : « J'invite tous les conseillers de cette Eglise à se rallier ».

Appel nominatif. Réponse :

— « Pour un fidèle accomplissement de nos devoirs, pour aider notre Eglise à satisfaire aux exigences de l'âge moderne, etc............. nous nous Rallions ».

Sonnerie de trompette.

Appel est fait ensuite des moniteurs et monitrices de l'Ecole du Dimanche, des Boy-Scouts, enfin du Peuple des fidèles tout entier. Tous se rallient à leur tour.

Un service de ce genre, soigneusement préparé, peut produire une impression puissante et attester la vitalité et l'homogénéité d'une paroisse.

D'autres Eglises envoient pour la *Journée de Ralliement* à chacun des membres de l'Eglise une carte nominative et une place numérotée, de sorte que les absents ne peuvent rester anonymes, toute chaise restée vide portant le nom du défaillant.

Quant aux campagnes d'évangélisation ou de réveil, destinées à agiter toute une ville, elles sont souvent conduites par des *spécialistes* itinérants. Les journaux religieux américains contiennent des annonces de ces Evangélistes de profession qui envoient leurs conditions sur demande. Ces conditions sont souvent fort dures : il faut remettre toute la campagne entre les mains du spécialiste, mettre à sa disposition non seulement des sommes considérables, mais de véritables armées de secrétaires, commissaires et agents bénévoles divers. L'un des plus connus de ces évangélistes spécialistes est Billy Sunday qui fait un très large emploi des méthodes de préparation progressive de l'opinion par l'annonce. Il est incontestable que celui que l'on a appelé l'homme le plus expert en réclame de l'Amérique obtient des résultats prodigieux, groupe des foules immenses et bouleverse les villes où il passe. Mais l'excès même de son succès est un danger et bon nombre de chrétiens américains croient à l'efficacité plus grande de campagnes d'évangélisation moins habilement montées mais où l'Esprit puisse souffler, sans qu'on sache d'où Il vient.

⁂

Il conviendrait, sans doute, ici de dire quelques mots de la Presse religieuse Américaine au moins des Journaux de Paroisse. Une Société, la *National Religious Press* de Grand-Rapids (Michigan) en a fait sa spécialité, et a pu abaisser d'une manière étonnante le prix de revient des journaux, en les fabriquant en grande série. Elle établit un journal mensuel de 12 pages d'un format uniforme avec 6 pages *omnibus* et 6 pages individuelles. La Société se charge de fournir elle-même 6 pages de texte communes à tous ses adhérents. L'Eglise locale dispose de 2 pages pour ses nouvelles locales et de 4 pages pour ses annonces locales. Le pasteur donne à son Journal le nom qu'il veut et insère dans ses deux pages le texte qu'il désire. Grâce aux quatre pages d'annonces locales, il paie très facilement les dépenses de son Journal de paroisse, car la *National Religious Press* arrive à établir ces journaux mensuels de 12 pages pour 7 dollars pour un tirage 250 exemplaires et 17 dollars 50 pour un tirage de 1.000 exemplaires. Grâce à ces tarifs minimes, grâce à l'intérêt très réel des 6 pages de texte *omnibus*, fourni par la Société d'édition, plusieurs pasteurs sont arrivés à faire du Journal de Paroisse une source de revenu appréciable pour leur Eglise, se chiffrant parfois par des centaines de dollars. C'est ainsi que la coopération qui n'exclut pas les pages individuelles à chaque Eglise, a permis de résoudre d'une manière très heureuse le problème du Journal de Paroisse.

Quant aux grands journaux hebdomadaires d'information religieuse, comme le « Continent »

(Presbytérien) le « Christian Advocate » (Méthodiste), etc., ce sont des revues illustrées, généralement très bien documentées. Elles ont toujours une page politique, une page financière, une page pour les enfants et constituent une publication d'intérêt général dont chaque membre de la famille peut tirer profit. Il est impossible de connaître le protestantisme Américain dans ce qu'il a de meilleur sans lire régulièrement quelques-uns de ces grands hebdomadaires. Ces grands journaux tirent un certain revenu des pages d'annonces qu'ils louent à des Sociétés de Missions, des Hôpitaux, des Universités, etc., pour y faire connaître leurs œuvres et leurs besoins financiers. Ces sociétés économisent les frais de rapports individuels et présentent leurs appels à un public très étendu. Là encore, la grande presse religieuse américaine réalise une combinaison très heureuse entre les pages d'intérêt général et celles qui sont l'exposé d'une œuvre spéciale.

II. MÉTHODES FINANCIÈRES

Les Eglises Américaines ont le privilège d'être placées sous le régime d'une législation très libérale qui leur permet d'utiliser aussi librement que les particuliers les combinaisons financières les plus variées. Elles peuvent recevoir librement des legs et en assurer le réemploi à leur gré, ce réemploi se faisant, le plus souvent, sous la forme de prêts hypothécaires. Elles peuvent même recevoir un capital sur lequel elles s'engagent à servir au donateur une *rente viagère*. Des Unions d'Eglises, des

Sociétés de Missions sollicitent ainsi de leurs amis, l'abandon à leur profit d'un capital sur lequel elles serviront une rente viagère aux taux habituels des grandes compagnies d'Assurances sur la vie.

La *Société des Missions Moraves* qui a son siège à Bethléhem (Pennsylvanie) a organisé ainsi un système de rentes viagères qui ont pour garantie tout le capital de la Société. L'*Eglise Méthodiste épiscopale* vend des rentes viagères de même nature (*Methodist Year Book 1920,* p. 180). D'autres corps ecclésiastiques offrent à leurs fidèles la même combinaison financière.

Mais il n'est pas conforme au tempérament américain, jeune et hardi, de chercher à constituer des rentes à ses œuvres religieuses. Ce qui m'a frappé, au contraire, aux Etats-Unis, c'est la tranquille audace avec laquelle les Eglises contractent des *dettes* pour construire leurs immeubles. Ces immeubles sont, en général, très beaux et très soignés et il est commun d'entreprendre la construction d'une église de cent mille dollars. Ce n'est qu'aux Etats-Unis que l'on construit encore d'immenses cathédrales, réclamant les efforts et les sacrifices de plusieurs générations. C'est ainsi que j'ai pu voir à New-York, la cathédrale épiscopale de *St-John the Divine* dont le chœur seul est terminé et qui déploiera un jour sa formidable masse en son entier sur les bords de l'Hudson. Elle a été commencée en 1892, et l'on pense que la construction durera cinquante années et coûtera six millions de dollars.

La statistique dénombre 203.432 édifices du culte dans tous les Etats-Unis, appartenant à toutes les confessions. Leur valeur était estimée à 1.676 millions de dollars en 1916 et une dette hypothécaire de 165 millions de dollars, soit du dixième seulement, est signalée. De ces 1.676 millions de dollars, 374 représentent les immeubles de l'Eglise catholique, et 31 les immeubles des congrégations israëlites. Les biens immobiliers des Eglises protestantes représentent donc plus des 3/4 de la propriété ecclésiastique. Ces chiffres permettent peut-être de mesurer mieux la force relative des deux grandes confessions chrétiennes en Amérique que les statistiques sur les adhérents et les membres adultes.

Lorsqu'une congrégation désire bâtir un édifice du culte, elle peut s'adresser le plus souvent à une *Caisse de prêts* de son Eglise qui lui avancera une certaine somme, mais si la somme à trouver est considérable, la paroisse intéressée émettra des obligations hypothécaires remboursables à une échéance donnée. Tout l'effort de l'Eglise porte ensuite sur le remboursement anticipé de sa dette. Dès que l'Eglise est parvenue à se libérer, elle organise une fête dont l'attraction principale est *l'incinération publique du titre d'hypothèque.*

Pour réunir une somme déterminée comme celle qu'exige la libération d'un emprunt hypothécaire, on peut s'adresser à des *spécialistes de campagnes financières d'églises* dont les annonces abondent dans les journaux religieux. Les principes généraux de la campagne sont immuables : *a*) réunir un certain nombre de collaborateurs que l'on répartit en équipes concurrentes, chaque équipe ayant son *ca-*

pitaine ; b) faire une intense publicité pour justifier l'appel de fonds à l'aide de brochures, graphiques, annonces, etc., et réunir en des repas collectifs les équipes de collecteurs pour échanger les mots d'ordre ; *c*) Fixer le jour de la collecte et annoncer cette date longtemps à l'avance. *Ce jour-là le résultat total doit être atteint.* Toutes les équipes de collaborateurs parcourent la ville et demandent à chaque habitant sa réponse sous la forme d'un engagement (pledge). Les équipes se réunissent le soir même (pour certains appels de caractère national, la récolte des souscriptions peut durer une semaine) et le résultat est proclamé.

On voit les avantages et les inconvénients du système : le succès ou l'insuccès sont obtenus en un seul jour, mais ce résultat est parfois rendu précaire, si une forte proportion d'engagements restent impayés à l'échéance. Il devient alors nécessaire d'avoir recours à une seconde campagne pour consolider les résultats acquis. Dans certains cas, il y a une marge considérable entre les engagements des souscripteurs et les sommes versées. Mais il n'en demeure pas moins que cette méthode a permis de réunir des sommes énormes que l'on n'aurait jamais obtenues par une collecte *au comptant.* Ce sont ces principes-là qui ont permis au Y. M. C. A., à la Croix-Rouge Américaine, etc., de réunir des centaines de millions de dollars.

Lorsqu'il s'agit d'un appel national (*National Drive*) la somme à trouver était répartie d'abord entre les 48 Etats des Etats-Unis suivant leurs facultés contributives, puis, dans chaque Etat, par district, dans chaque district par commune, dans chaque commune par quartier, dans chaque quartier par équipe et dans chaque équipe par collecteur. Au jour dit, des armées de collecteurs entraient en campagne sachant la somme qu'ils devaient trouver et en combien de temps. La bonne volonté et l'enthousiasme de ces équipes étaient admirables. J'ai assisté à Minneapolis à un déjeuner des collaborateurs de la campagne du Y. M. C. A., où le capitaine de chaque équipe proclamait les résultats de la *chasse* de la matinée, au milieu d'une effervescence et d'une gaîté irrésistibles.

Bien entendu, les organisateurs de la campagne cherchent par mille schémas concrets à rendre visibles les progrès de leurs efforts. Lors des campagnes de la Croix-Rouge, chaque souscripteur recevait une grande Croix-Rouge sur papier blanc qu'il fixait à la vitre d'une fenêtre extérieure, montrant ainsi qu'il avait rempli son devoir de bon Américain. Si tous les habitants de la maison, domestiques compris, versaient chacun leur dollar, la grande Croix-Rouge apparaissait sur un fond de petites Croix-Rouges et le passant constatait que cette maison était *100 0/0 Croix-Rouge.* C'était la sauvegarde absolue contre les collecteurs suivants ! D'autres fois pour marquer les progrès de la souscription, on emploie le thermomètre classique, mais non pas un thermomètre dessiné sur du papier. Ce sera parfois un énorme tube de verre long de plusieurs mètres avec des lampes électriques s'allumant au fur et à mesure de l'avance de la somme recueillie. Une Eglise eut un jour recours à un autre procédé. La somme à trouver fut divisée entre deux équipes concurrentes : les bleus et les verts. On calcula la longueur qu'occuperait la somme à trouver, si elle était représentée par des pièces de dix cents, mises bout à bout sur une route. La longueur trouvée fut ensuite représentée par des rubans de papier bleu ou vert que chaque équipe devait débiter proportionnellement à la rentrée des dollars et des cents. Une autre Eglise fixa la longueur des rubans symboliques d'après la distance qui séparait son immeuble hypothéqué... de la banque où reposait le titre d'hypothèque. La rentrée des fonds devint une véritable course au but désiré.

Le pasteur Meyer de Fairmount, en Virginie, pour amortir une dette de 700 dollars sur son Eglise, envoya un appel avec cette question : *Jésus sera-t-il tout seul à porter sa croix ?* Une croix était dessinée avec 350 petits carrés, à vendre deux dollars pièce. En quelques semaines la dette fut payée et la croix entièrement souscrite. Ces procédés peuvent paraître enfantins, mais ils ont le grand avantage, par leur forme imagée et populaire, d'intéresser le grand public américain, toujours avide de *voir* et beaucoup plus facile à émouvoir qu'à persuader. Ils montrent aussi la tenace volonté d'aboutir des chrétiens Américains.

Tout ceci ne concerne que des appels financiers exceptionnels. Pour le budget normal de l'Eglise locale, la méthode est un peu modifiée. On gardera le principe de la récolte des engagements financiers en un jour donné. Le *jour de l'Eglise*, chaque foyer est visité par un collecteur et chaque membre d'église est invité à remettre son engagement pour l'année. Mais il s'acquittera de sa souscription en plusieurs fois : dans la plupart des cas, il fera un versement chaque dimanche. Il recevra, à cet effet, un paquet de 52 enveloppes portant un numéro correspondant à son nom sur les registres du trésorier. Il s'engagera, par exemple, à verser 25 cents (1 fr. 25) par dimanche, dont 15 cents pour les dépenses générales de son Eglise, 5 cents pour les Missions et 5 cents pour les Œuvres de bienfaisance. Il déposera chaque dimanche son enveloppe numérotée sur le plateau de la collecte, ou plusieurs enveloppes à la fois s'il était absent les dimanches précédents. Le trésorier fera son pointage et enverra, tous les 3 mois ou tous les 6 mois, à chaque souscripteur un *Relevé* constatant que son compte avec l'Eglise est débiteur ou créditeur. L'Américain aime dans les choses d'Eglise la même précision que dans les affaires ordinaires et nul ne s'offensera de ce Relevé de compte financier.

Le système de l'enveloppe est souvent perfectionné par l'emploi de l'enveloppe *Duplex*, ou enveloppe à deux compartiments, l'un des compartiments étant destiné à l'offrande pour *l'Eglise* et l'autre compartiment à l'offrande pour les *Missions*. Ce système a donné des résultats si extraordinaires qu'on a essayé de l'introduire dans les églises écossaises et anglaises (voir *The art of money collecting*, par Adam B. Keay, London 1918).

La *Collecte du culte du dimanche* est donc le moyen principal que possède l'Eglise locale de réunir les ressources nécessaires pour assurer ses dépenses. Cette collecte se fait avec une très grande solennité et tout est calculé de manière à mettre en lumière l'élément de sacrifice que doit comporter tout culte chrétien. Dès que le pasteur a annoncé l'*offrande,* les anciens de l'Eglise prennent les plateaux de la collecte sur la table de communion et les font passer de rang en rang dans l'assemblée silencieuse, pendant que l'orgue joue doucement. Lorsque l'un des collecteurs a terminé son office, il attend au fond du temple que les autres l'aient rejoint, puis tous les anciens en corps, d'un pas lent et grave, apportent l'offrande de l'assemblée et la déposent sur l'autel. Le pasteur descend de chaire, prend l'un des plateaux de la collecte et présente à Dieu une prière de consécration. « Seigneur, nous t'offrons cet argent. Nous te demandons d'en bénir et d'en sanctifier l'emploi. » Cette cérémonie revêt une très grande dignité et rappelle à tous que l'offrande à Dieu a sa place marquée dans toute culte chrétien.

Chaque congrégation locale tient à honneur d'être *selfsupporting,* c'est-à-dire de subvenir à toutes ses dépenses. Pour atteindre ce but, elle est libre d'adopter les moyens qu'elle préfèrera. Dans les Eglises de la Nouvelle-Angleterre, le système des souscriptions hebdomadaires sous enveloppes, est remplacé souvent par celui de la location des bancs de l'Eglise ou celui des souscriptions an-

7.

nuelles. Certaines Eglises ont essayé de réaliser leur budget annuel par des souscriptions payées en un seul jour, etc. A cet égard, la liberté de chaque congrégation est entière. D'autre part, chaque Eglise fixant elle-même librement ses dépenses, il ne peut exister de taux de traitement uniforme pour les pasteurs. Une campagne très vive a été menée depuis 1918 pour obtenir un traitement minimum de 1.000 à 1.200 dollars, plus un logement, pour tous les pasteurs. Au reste, ce traitement modique lui-même n'est payé dans certaines petites Eglises qu'avec de forts retards, au fur et à mesure de la rentrée des fonds. Mais, lorsqu'on parle des traitements pastoraux américains, il ne faut pas perdre de vue que le terme de *preacher,* de prédicateur ou de pasteur se donne aux Etats-Unis à beaucoup d'hommes qui n'ont pas fait d'études théologiques et que bon nombre d'entre eux ne peuvent prétendre au traitement d'un pasteur de carrière. Il n'en demeure pas moins que les Eglises Américaines sentent vivement que l'insuffisance et l'inégalité souvent très grandes des traitements pastoraux sont encore un point faible de leur organisation (1). Mais dans un pays immense, passionnément épris de liberté et d'indépendance, habitué à payer des salaires inégaux

---

(1) Dans *l'Eglise méthodiste épiscopale*, en 1918, 8245 pasteurs ou 49 %, ont reçu moins de mille dollars ; 6986 pasteurs, ou 42 %, ont reçu entre 1000 et 2000 dollars ; 1142 pasteurs, soit 7 %, ont reçu entre 2000 et 3000 dollars ; 253, soit 1 %, ont reçu entre 3 et 4000 dollars ; et 108 seulement, soit moins de 1 %, au-dessus de 4000 dollars. Depuis 1918, il y a eu des relèvements sensibles.

correspondant strictement à ce que *vaut* chaque individu, on ne peut s'attendre à trouver, en matière de traitements, l'uniformité administrative des Eglises d'Etat européennes. L'Eglise Protestante Américaine dont les finances sont peut-être le plus centralisées et le plus prospères est *l'Eglise Protestante Episcopale* qui, sous l'énergique impulsion de l'évêque Lawrence de Boston, a réuni des fonds pour les retraites pastorales et constitué des réserves financières se montant à plusieurs millions de dollars. Dans les autres dénominations, des efforts considérables ont été accomplis également pour fortifier l'organe financier central et résoudre, en particulier, la question des retraites.

Le budget des dépenses annuelles des Eglises de toutes confessions atteint 328 millions de dollars. Sur ce chiffre, le montant des dépenses annuelles ordinaires des Eglises protestantes dépasse sensiblement 200 millions de dollars, soit un milliard de francs. Il convient d'ajouter à ce chiffre les dépenses des Sociétés de Missions qui atteignent 21 millions de dollars par an.

III. MÉTHODES PÉDAGOGIQUES

Une Eglise conquérante ne peut progresser que si elle attire à elle les enfants. Les Américains aiment beaucoup les enfants et leurs Eglises ont fait preuve d'une ingéniosité merveilleuse pour les instruire et les intéresser. Beaucoup de Facultés de théologie Américaines ont une chaire consacrée à la *Science des Ecoles du dimanche* et leurs titulaires ne se croient pas inférieurs aux professeurs chargés de l'enseignement du grec ou de l'hébreu. L'*Ecole du dimanche* est, en effet, l'une des colonnes qui soutient l'édifice ecclésiastique américain. Elle est aussi importante que le culte des adultes et dans la construction des Eglises, des locaux très importants sont prévus pour l'école du dimanche, de manière à assurer aux différentes Divisions une parfaite indépendance et leur donner toute liberté pour des chants et exercices individuels.

L'*Ecole du dimanche* Américaine enrôle l'enfant dès le jour de sa naissance. Toute école bien organisée comprend la *Division du berceau*. Dès qu'un bébé est né, le frère ou la sœur aînés sont invités à annoncer cette grande nouvelle à l'école. Le bébé reçoit un Certificat d'inscription artistement enluminé. Une carte avec son nom est déposée dans le berceau-miniature de l'école du dimanche, tandis que les aînés exécutent autour du berceau un chant de bienvenue. Dès que ce sera possible, la photographie du bébé prendra place dans un cadre spécial où tous les élèves de la Division du berceau sont invités à figurer. Le bébé fait désormais partie de l'Ecole du Dimanche. A chacun de ses anniversaires de naissance, le bébé recevra un message de l'Eglise, parfois un jouet, le plus souvent une jolie carte en couleurs. Il en existe tout un jeu pour les 1er, 2e, 3e, etc., anniversaires avec des dessins appropriés. L'Eglise organise une fois par an, une réunion effective des bébés de la division du berceau et leurs mamans sont invitées à former entre elles une Association des mères.

Ensuite, vient la *Division des commençants* pour enfants entre 3 et 6 ans. Le chant et la marche rythmée occupent une grande partie du temps. On célèbre par un chant et un petit cadeau l'anniversaire des enfants qui ont eu leur jour de naissance dans la semaine. Des passages bibliques élémentaires sont récités en chœur et de grandes images représentant les scènes de la Bible sont expliquées.

La *Division enfantine* groupe les enfants de 6 à 8 ans. Chaque fois qu'un enfant change de division, il reçoit un certificat de promotion et est invité à passer sous un arceau fleuri, symbole du progrès accompli. L'Ecole comporte les mêmes exercices que dans la division précédente, mais la leçon devient plus précise, le maître insiste davantage sur les applications religieuses et morales du sujet. L'enfant doit apprendre à faire un petit sacrifice pour la Collecte dont le résultat est immédiatement affiché. Les maîtres et maîtresses se servent dans cette division du tableau noir et du plateau de sable où l'on plante des personnages en carton, pour rendre plus vivantes les scènes expliquées.

L'ingéniosité des amis de l'école du dimanche a trouvé mille procédés originaux pour obtenir une fréquentation régulière de l'école. Aucune absence de l'enfant ne doit passer inaperçue. S'il vient à manquer, il reçoit dans la semaine une carte postale ornée d'un dessin original et amusant. Tantôt ce seront des élèves sur leurs chaises et au milieu une chaise vide avec un écriteau : Où est N... ? Tantôt, ce seront des enfants affairés cherchant un objet perdu derrière les portes et les meubles : Où est N... ? Tantôt ce seront des enfants groupés devant une affiche : ON DEMANDE un petit garçon nommé N..., etc. L'enfant vient-il au contraire à l'école du dimanche, malgré la pluie, une étoile est collée en face de son nom sur le tableau d'honneur des jours de pluie. Toute absence comme toute présence doit laisser une trace visible.

Un petit chef-d'œuvre de pédagogie enfantine est la carte de présence valable pour un trimestre. Chaque enfant reçoit une carte représentant une bergère entourée de 13 moutons en silhouette, un aquarium avec 13 poissons en silhouette, etc. Chacun des 13 dimanches du trimestre, il reçoit un petit mouton ou un petit poisson en papier gommé qu'il applique sur l'une des silhouettes blanches. S'il est présent 13 fois de suite, il emporte triomphalement une image complète, sinon son absence sera marquée par une case blanche où la date de l'absence sera inscrite. Les éditeurs Américains ont varié cette donnée de vingt manières pittoresques : un trimestre, ce sera une cage avec 13 lapins, le trimestre suivant, ce sera un marchand forain avec 13 ballons rouges, un pommier avec 13 pommes, etc., etc. Il y a aussi la grappe de raisin aux 26 grains valable pour un semestre. Les jours de présence sont marqués par des grains noirs, les jours d'absence par des grains verts. L'irrégularité de l'enfant empêche la grappe de mûrir ! Ces petites images charmantes attestent une connaissance profonde de la psychologie enfantine et du désir qu'ont les enfants de posséder une représentation concrète de tous les événements de leur vie.

Au sortir de la Division enfantine, l'élève passe dans la *Division des jeunes* qui réunit les enfants de 9 à 12 ans. C'est l'âge où les exercices de mémoire, les concours, les petits travaux manuels sont pratiqués avec le plus de succès. Il y a toute une littérature très riche propre à aider les instructeurs de cette Division et la suivante.

La *Division intermédiaire* groupe les élèves de 13 à 16 ans. C'est l'époque des *Classes,* chaque Classe ayant le caractère d'un club, avec son bureau élu, sa devise, son nom, sa bannière. L'esprit d'association et d'émulation cher aux Américains se donne ici libre carrière. Chaque classe choisit une activité chrétienne où elle s'efforce d'exceller.

Enfin la *Division des aînés* va de 17 à 20 ans. Elle mérite à peine le nom d'école et comporte, au contraire, la pleine liberté d'organisation du groupement. Cette division est une sorte d'école normale où se préparent les moniteurs et monitrices pour les Divisions inférieures.

Cette brève énumération permet tout juste de soupçonner toute la richesse et la souplesse de l'organisation des écoles du dimanche Américaines.

L'esprit concret et pratique des Américains a

obtenu dans ce domaine des résultats extraordinaires et la pédagogie enfantine des Eglises est souvent fort en avance sur la pédagogie des écoles de la semaine.

L'Ecole du dimanche célèbre une fois par an la *Journée des décisions* (Decision Day) qui a pour objet de sceller la volonté des élèves de servir leur Dieu. Cette Journée est souvent célébrée le premier dimanche de février. Parents et enfants sont prévenus longtemps d'avance de la signification de cette journée. Après un appel du pasteur et le chant de cantiques de consécration, des « Cartes de Décision » sont distribuées aux élèves qui les retournent signées, si tel est leur désir. Ils reçoivent ensuite une lettre les invitant à suivre le catéchisme en vue de leur admission définitive comme membres de l'Eglise. On voit avec quel soin et quel respect des décisions individuelles de chacun sont recrutés les membres des Eglises Américaines. L'école du dimanche les prend au berceau, mais elle leur rappelle sans cesse la nécessité d'un acte de volonté personnel pour se rattacher à l'Eglise.

Plusieurs écoles du dimanche comprennent outre les Divisions déjà énumérées un *Home Department* ou *Division des Foyers* qui a pour objet d'enrôler ceux qui ne peuvent fréquenter l'Eglise : malades, vieillards, jeunes mères, soldats, policemen, employés de chemins de fer, etc. Un registre des membres est tenu et les procédés habituels de l'école du dimanche sont employés. Les anniversaires de naissance de tous les adhérents sont cécébrés et des messages envoyés à cette occasion.

Les membres reçoivent chaque semaine une liste de lectures bibliques qu'ils renvoient signée, s'ils l'ont suivie régulièrement. Des visiteurs se tiennent en contact avec l'Eglise et l'Ecole du Dimanche par de courtes visites, leur apportent des cartes, des livres, reçoivent leurs dons, etc.

***

Si intéressant que soit le sujet, je ne crois pas devoir m'étendre plus longuement sur les *méthodes* des Eglises Américaines. Ces méthodes varient sans cesse. Des journaux et des revues spéciaux leur sont consacrés. Ils signalent les faits nouveaux, les idées originales. C'est ainsi qu'au cours de l'été de 1920, pour épargner à ses auditeurs le séjour dans un local surchauffé, un pasteur eut l'idée de prêcher *par la fenêtre* de son Eglise à son auditoire groupé en plein air dans le jardin. Il trouva aussitôt de nombreux imitateurs. Si variées, si étranges parfois que soient les méthodes de certains prédicateurs Américains, elles attestent néanmoins la volonté infatigable de ce peuple de mettre au service de l'Eglise, les dernières découvertes de la pédagogie, les dernières trouvailles de la publicité, ou les derniers progrès de la science. L'Eglise Américaine veut être *moderne :* ses boiseries claires, ses pierres blanches, son orgue tout neuf ne rappellent pas le sanctuaire européen noirci par la patine des ans. Mais elle vit, elle progresse dans un monde cosmopolite et instable à qui il faut parler fort et net pour être entendu.

Les Eglises Européennes auraient fort à apprendre de leurs sœurs Américaines et il serait à souhaiter qu'elles sachent leur emprunter le secret du succès et des progrès rapides. Les Temples Américains n'abritent peut-être pas autant d'âmes contemplatives et mystiques que nos vieilles Eglises d'Europe, mais ils abritent davantage d'âmes optimistes et audacieuses. Devant les champs de mission les plus lointains et les plus périlleux, la bonne volonté et le zèle chrétiens des Américains ne se sont jamais dérobés. Ce sont eux qui ont inventé la formule à la fois naïve et sublime : « l'évangélisation du monde pendant la présente génération ! » A ce peuple, à ces Eglises qui ont peut-être les défauts mais aussi tout le charme de de la jeunesse en fleur, à ces chrétiens qui possèdent l'enthousiasme de ceux qui font fi des difficultés et transportent les montagnes par la foi, je n'hésite pas à dire que vont ma profonde admiration et mon désir de les égaler. Si la chrétienté européenne venait à décliner, le drapeau du christianisme conquérant serait tenu par des mains fermes et fidèles outre-Océan. Et si cette esquisse rapide des Eglises Américaines amenait mes lecteurs à les comprendre et à les aimer davantage, je me sentirais suffisamment payé de ma peine par ce seul succès.

VICTOR MONOD.

CHAPITRE IV

Les Eglises Protestantes Américaines pendant la guerre

Tous ceux qui ont voyagé aux Etats-Unis avant la guerre, ont été frappés par la forte organisation et la grande vitalité des Eglises protestantes. Même ceux qui ne partagent pas notre foi, devaient pour être sincères arriver à la conclusion de Laboulaye : « L'Amérique représente la floraison du protestantisme... Sa civilisation est sortie de l'Evangile. »

Cependant les sceptiques pouvaient faire remarquer que les Eglises protestantes américaines se trouvaient dans des conditions exceptionnellement favorables : pays neuf et à vastes possibilités d'expansion, prospérité économique sans parallèle, très grande égalité politique, gravité atténuée des problèmes sociaux et du paupérisme, faible concurrence du catholicisme et de l'athéisme. Ces Eglises qui s'étaient formées sous un régime idéal de liberté de conscience, n'avaient jamais passé par le creuset de la persécution ; elles n'avaient pas eu à affronter les grandes crises qui ont ébranlé les Eglises chrétiennes du vieux monde.

Il est donc spécialement intéressant de voir comment se sont comportées les Eglises protestantes américaines dans la période critique que le monde vient de traverser. Pour toutes les institutions humaines et en particulier pour les Eglises, la terrible guerre n'a-t-elle pas été ce feu, dont parle l'apôtre Paul et qui « prouvera ce que vaut l'œuvre de chacun, qui révèlera si la construction de chacun a été élevée en bois, en foin, en paille, ou au contraire en or, en argent, en pierres précieuses » ?

I. Avant l'entrée des Etats-Unis dans la guerre

Ce fut parmi les intellectuels et en particulier parmi les protestants qu'aux Etats-Unis se manifesta d'abord la sympathie pour les Alliés attaqués par l'Allemagne.

Dès le mois d'août 1914, un certain nombre de pasteurs et de professeurs, membres fidèles des Eglises, proclamèrent hautement que les Alliés combattaient pour la cause de la civilisation chrétienne. Dans bien des Eglises, surtout dans l'Est, on organisa des sociétés de couture pour aider les soldats et les populations civiles de nos pays en détresse. Les salles d'écoles du dimanche et de réunions de jeunesse étaient transformées en ateliers où dames et jeunes filles rivalisaient d'activité dans la confection des bandages, des chaussettes, des vêtements pour enfants. Peu habituées au tricotage, les Américaines se mirent à pratiquer cet art nouveau avec une frénésie qui parfois était faite de snobisme, mais qui souvent dénotait un dévouement touchant. Dans telle Eglise riche de Pittsburg, j'ai vu des anciens et diacres, hommes d'affaires importants, venir rejoindre leur femme à la soirée, et, revêtus de tabliers, couper le coton en bandes, compter les objets confectionnés, les empaqueter systématiquement et les mettre en ballots ou en caisses. En 1918 et 1919, nous rencontrâmes des dames de la haute société qui avaient fait volontairement ce travail d'ouvrières sans désemparer depuis les débuts de la guerre. Il est impossible d'évaluer la somme totale de générosité et d'efforts personnels et persévérants que représente cette activité charitable où incontestablement les Eglises protestantes ont donné l'exemple et joué le plus grand rôle.

Dès 1914, et en 1915 et 1916, de jeunes Américains traversaient l'Océan pour aller aider les Alliés, soit dans la Légion étrangère ou l'aviation, soit comme chauffeurs d'ambulance. Combien d'entre eux étaient fils de pasteurs ou de membres influents des Eglises ! C'était son élite intellectuelle et morale que l'Amérique envoyait comme éclaireurs des « Croisés de Pershing ». Cette héroïque jeunesse contribua grandement à orienter l'opinion publique américaine.

Certains pasteurs, il est vrai, se montraient d'une prudence extrême : tout en approuvant les Alliés en particulier, ils vous soufflaient, au moment de monter en chaire : « Soyez prudent, je vous prie : des membres de mon conseil d'Eglise sont d'origine allemande, ou bien : mon organiste est un autrichien ! Parmi vos projections lumineuses, ne montrez pas les ruines de la Cathédrale de Reims, ni le Roi Albert, ni ce soldat en uniforme français !! » Mais combien d'autres proclamaient courageusement : « Les Alliés combattent pour notre cause, qui est celle de l'humanité tout entière et nous devrions être à leurs côtés, si nous comprenions notre devoir comme chrétiens et comme Américains. »

La violation de la neutralité belge fut, dès l'abord, désapprouvée par la masse des Américains, même par ceux qui avaient encore des sympathies pour l'Allemagne ou qui conservaient la vieille rancune contre l'Angleterre, entretenue par les éléments irlandais et par tous ceux qui ont intérêt à voir divisées les deux grandes puissances protestantes. Dans les milieux universitaires et religieux (et les milieux universitaires américains sont très religieux), les rapports avec l'Allemagne étaient très intimes. Si passablement de dames de la bonne société parlaient couramment le français, la plupart des hommes connaissaient l'allemand et non notre langue ; ils avaient passé par les Universités d'Outre-Rhin, qui leur avaient laissé une forte empreinte. Ils ne pouvaient pas croire aux « atrocités » attribuées à ce peuple dont ils admiraient la philosophie, la théologie et la science. Le Rapport de la Commission d'Enquête publié par Lord Brice, universellement respecté, fit beaucoup pour ouvrir les yeux. Puis vint mai 1915 et l'« outrage » de la Lusitania. Bien que parfois entravées et aveuglées par leurs fortes minorités allemandes, les Eglises protestantes américaines furent dans leur ensemble les foyers de la sympathie pro-alliée.

Dès 1914, les milieux protestants appuyèrent généreusement le « *Belgian Relief* » et contribuèrent dans une énorme proportion aux secours distribués à la catholique Belgique et même aux œuvres cléricales du Cardinal Mercier. Des conférenciers catholiques belges m'ont dit avec quelle cordialité et quelle générosité ils étaient accueillis dans les Eglises protestantes, qui leur ouvraient même leurs chaires aux cultes principaux. Dans les mêmes régions, des évêques catholiques, influencés par les Irlandais et les Allemands, fermaient les oreilles à tous les appels ou n'encourageaient que très mollement les quêtes pour la Belgique et la France, se sentant sans doute d'accord en cela avec l'esprit du Vatican. Je pourrais citer de nombreux faits à l'appui.

Les besoins de l'Europe en guerre devenaient plus urgents avec la prolongation de la guerre. Les Eglises protestantes américaines firent des efforts répétés pour stimuler la générosité du public américain et tout d'abord des membres de leurs communautés.

En mai 1916, le « Federal Council » des Eglises du Christ en Amérique lançait un appel pour le « *Memorial Sunday* », jour consacré à la mémoire des soldats américains tombés au champ d'honneur, dans le but de créer un « Mouvement de secours *et de réconciliation* » ; dans ce dernier mot se révèlent encore la préoccupation de rester neutre, au moins en apparence, le soupçon qu'il y avait des torts et des abus des deux côtés, l'espoir utopique d'une paix sans victoire.

Un second appel lancé en juin 1916 par la même Fédération recommandait chaleureusement dix-sept fonds de secours de guerre : trois d'entre eux seulement, et des moins populaires, étaient destinés à aider les pouvoirs centraux : celui des « Enfants affamés », le « Fonds de Secours pour la Prusse orientale », et le « Secours américain de Berlin pour les veuves et orphelins ». Les autres devaient aider la Belgique, la France, l'Angleterre, la Serbie, la Pologne, les Arméniens et Syriens. Le devoir des Eglises, dit le message en question, est de « créer une nouvelle atmosphère dans la nation ». « Nous devons invoquer le mobile religieux et illuminer le mouvement philanthropique d'une clarté spirituelle... N'est-ce pas ici le moyen d'élever notre nation au-dessus de sa confusion politique et économique et de l'amener à concevoir un plus haut idéal qui fera d'elle une *puissance morale dans le monde ?*... Ceci est un message au peuple américain tout entier par le canal des Eglises, par la voix des 100.000 ministres consacrés et mis à part pour atteindre le cœur du peuple. » Et l'on cite ces lignes de correspondants européens : « Vos Eglises d'Amérique ont déjà commencé à nous aider dans la reconstruction de notre civilisation mise en brèche... Nous en étions presque arrivés à croire que la préoccupation dominante chez le peuple américain était ses propres gains commerciaux, mais les plans que vous nous avez communiqués montrent clairement que la grande masse des chrétiens américains n'a pas perdu le sens de la sympathie chrétienne. » Les signatures des présidents et secrétaire du Comité exécutif du « Federal Council », Président Shailer Mathews, Rév. Frank Mason North, Rév. Charles S. Macfarland, étaient accompagnées de ces mots: « Portez les fardeaux les uns des autres et ainsi accomplissez la loi du Christ. »

En 1915 et 1916, des appels spéciaux avaient été lancés par le « Federal Council » en faveur de l'Eglise Réformée évangélique de France représentée par M. le Pasteur Stuart Roussel et en faveur de l'« American Huguenot Committee » destiné à aider la Société centrale évangélique de France, l'Eglise missionnaire belge et l'Eglise libre de France, représentées par M. le Pasteur Henri Anet.

La conscience du peuple américain dans sa portion la plus noble et le plus authentiquement américaine était de moins en moins tranquille. La neutralité même « en pensée », que voulait lui imposer son Président, lui devenait odieuse; elle ne pouvait se résoudre à considérer les buts des deux groupes de belligérants européens comme étant équivalents, ni souhaiter la conclusion d' « une paix sans victoire » qui laisserait sans solution les problèmes moraux soulevés par le conflit mondial et sans sanction les crimes accumulés de l'impérialisme militariste.

Qu'il était tragique de sentir cette inquiétude morale dans le cœur de l'élite américaine et surtout de la portion la plus vivante des Eglises Protestantes ! Nos angoises, nos souffrances, notre anxiété cruelle pour l'avenir paraissaient légères en comparaison de cette incertitude et de ce mécontement d'honnêtes gens qui sentaient que leur grande nation était infidèle à ses plus nobles traditions et qu'elle hésitait à répondre à l'appel du Christ lui-même : l'appel au sacrifice.

Dans les publications du « Federal Council », nous trouvons des échos de ces préoccupations :

« La réputation de nos Eglises chrétiennes est pour ainsi dire entre nos mains.

« Le christianisme d'Amérique est maintenant appelé à faire sentir son influence dans le monde entier.

« Le drapeau américain devrait représenter partout une générosité et une fraternité proportionnées à notre énorme prospérité.

« Nos frères européens commencent à dire que si nous n'avons pas discerné clairement les buts de la grande guerre, nous avons pourtant bien compris le devoir impérieux de la charité. Nous renforcerons beaucoup notre position et notre influence en ouvrant plus largement encore cette porte... En effet, toutes les nations nous méprisent parce qu'elles sont plus ou moins convaincues que nous utilisons la guerre en vue de gains économiques et commerciaux, et c'est là notre principale faiblesse. Le meilleur moyen de réagir est et sera notre activité philanthropique. A maintes reprises, des gens qui critiquaient notre gouvernement et nos commerçants, ont declaré que les erreurs commises avaient été grandement compensées par l'attitude de notre commun peuple et de nos riches généreux. »

Ces déclarations exprimaient la conviction croissante de l'élite du protestantisme et de la nation américaine. Elles furent lues et commentées du haut de cent mille chaires, reproduites et amplifiées dans des millions de publications périodiques, soulignées par le témoignage chrétien et patriotique de nombreux conférenciers des pays alliés. Tout cet effort devait finir par éclairer complètement la conscience américaine, malgré les efforts sincères mais égarés d'un pacifisme qui se croyait évangélique.

Ce ne furent ni les raisons politiques, ni les intérêts matériels qui convainquirent la masse des Américains que leur *devoir* était de se jeter dans la fournaise de la guerre. Ce fut pour eux essentiellement une *question de conscience*. Les Eglises Protestantes furent le facteur prépondérant dans la formation de cette conviction chrétienne. Ce fut la poussée irrésistible de leur souffle spirituel qui eut enfin raison de la prudence extrême du Président Wilson et de l'incohérence égoïstement nationaliste de son gouvernement. Bien loin de diriger leur peuple vers la guerre, Wilson et ses conseillers y furent menés par la pression victorieuse de la partie la plus saine de l'opinion publique américaine.

Sans cette poussée intelligente autant que désintéressée, nous n'aurions sans doute jamais vaincu aux Etats-Unis les intrigues des von Bernsdorff et autres propagandistes pro-allemands et nous n'aurions pas obtenu la collaboration si puissante de la Grande République. On peut par là mesurer toute la dette de reconnaissance que nous devons aux Eglises protestantes américaines, comme aux Universités.

II. L'entrée des Etats-Unis dans la guerre

Malgré toute la gravité de ces décisions, beaucoup de consciences chrétiennes accueillirent comme un véritable soulagement la rupture des relations diplomatiques entre les Etats-Unis et l'Allemagne, et ensuite la déclaration de guerre (2 avril 1917). Le peuple Américain s'engagea dans cette redoutable aventure à un moment où la situation des Alliés était des plus mauvaise : dans sa masse il le fit sous l'empire d'une conviction morale et avec une ferveur toute religieuse.

Les proclamations du Président Wilson reflètent cet esprit dont il a subi lui-même l'influence si fortement et indiquent quel langage il convient que les leaders américains emploient pour convaincre leur nation. N'est-ce pas un fragment de sermon que cet appel au peuple le jour de la déclaration de guerre (2 avril 1917) :

« Le Droit est un bien plus précieux que la Paix ; nous allons combattre pour les choses qui nous ont toujours tenu le plus à cœur : pour la démocratie, pour donner à ceux qui se soumettent à une autorité le droit de choisir leur propre gouvernement, pour les droits et les libertés des petites nations, pour établir la domination universelle du Droit par un concert des peuples libres, qui assurera à toutes les nations la paix et la sécurité en libérant enfin le monde entier. »

« A une telle tâche nous pouvons dévouer nos vies et nos fortunes, tout ce que nous sommes et tout ce que nous avons, avec la fierté de savoir que le jour est venu où l'Amérique a le privilège de prodiguer son sang et sa puissance en faveur des principes qui lui ont donné naissance, qui lui ont conservé le bonheur et la paix tant appréciée. »

« Dieu aidant, elle ne peut autrement. »

Ce langage qui fait écho au Luther de la Diète de Worms, n'est-il pas éminemment protestant ? Et n'y a-t-il pas quelque chose du style des anciens prophètes dans cette autre proclamation présidentielle du 4 Décembre 1917 :

« L'histoire du monde est arrivée à un moment suprême. Les yeux du peuple ont été ouverts et il voit. La main de Dieu s'est appesantie sur les nations. Ma pieuse conviction, c'est qu'Il leur sera favorable à la seule condition qu'elles parviennent à s'élever aux lumineux sommets de Sa Justice et de Sa Miséricorde. »

La période qui s'écoula entre la rupture des relations diplomatiques et la déclaration de guerre fut quelque peu délicate pour les Eglises. D'une façon très générale, elles approuvèrent du fond du cœur la position nette prise enfin par leur gouvernement. Mais ceux-là même qui désiraient le plus sincèrement voir leur nation seconder directement les Alliés se tenaient dans une prudente réserve, ne voulant pas compromettre la bonne cause par trop de précipitation et risquer de provoquer un recul de l'opinion publique en ayant l'air de lui faire violence. Les messagers chrétiens des pays Alliés durent redoubler de prudence pendant cette période critique malgré la joyeuse espérance qui gonflait leur cœur et la certitude que l'appel de la Justice et de la Vérité n'avait pas été adressé en vain à la conscience américaine. En jugeant d'après les apparences, cette attitude des Eglises aurait pu faire croire à de l'indifférence, mais plus que jamais on sentait, selon les paroles du Rév. Frank Mason North, président du Federal Council, que « dans le trouble et l'angoisse de l'âme américaine, des dizaines de mille chaires retentissaient du message du Maître de la Vie et que de dizaines de milliers d'autels s'élevaient vers le ciel les prières de pieuses multitudes. » C'était la solennelle veillée des armes d'un peuple chrétien, qui entendait faire librement le sacrifice suprême après avoir entendu clairement l'appel d'En-Haut.

Immédiatement après la déclaration de guerre, le Federal Council invitait toutes les Eglises et les organisations évangéliques à une réunion extraordinaire dans la capitale, Washington, les 8 et 9 mai 1917, dans le but :

de prier et d'étudier ensemble ;
de préparer un message pour les Eglises ;
d'organiser les Œuvres de charité ;
de pourvoir aux besoins religieux et moraux de l'armée et de la marine ;
d'énoncer le devoir chrétien quant à la conservation des forces économiques, sociales, morales et spirituelles de la nation.

Quiconque eut le privilège d'assister à cette réunion, fut frappé du sobre enthousiasme et de l'ardente ferveur manifestés par ces leaders du protestantisme américain. Le ministre de Belgique,

M. le Baron de Cartier de Marchiennes, y reçut un accueil presque délirant. Malheureusement, le Maréchal Joffre et M. Viviani en ce moment aux Etats-Unis, furent empêchés de répondre à l'invitation qui leur avait été également adressée.

Dès le début, plusieurs orateurs définirent clairement dans quel esprit les représentants des Eglises étaient assemblés :

« La séparation de l'Eglise et de l'Etat est précisément la meilleure condition pour les Eglises de se dévouer jusqu'au sacrifice au bien commun de la Société et de la nation. C'est ce don de nous-mêmes que nous venons ici offrir. Avec un nouvel enthousiasme, l'Eglise consacrera ses ressources en courage, en dévouement, en esprit de prière et de sacrifice, au service de notre nation qui tend ses forces en vue des fatigues et des triomphes de la guerre. Nous sommes ici non pour stimuler notre patriotisme ou pour affirmer notre loyauté, mais pour accepter les responsabilités, définir notre tâche et déterminer notre programme d'action. »

....

« Nous avons fait notre possible pour rester en dehors de cette guerre, mais maintenant nous y sommes et je m'imagine que nous sommes heureux de voir enfin flotter notre drapeau à côté du tricolore de la France et de toutes les autres bannières qui représentent la liberté et l'humanité. Nous avons essayé de rester en dehors de cette guerre, mais nous y sommes parce que nous croyons que la cause est juste, parce que nous croyons que par elle nous pouvons de diverses manières servir le Christ. Déjà nous voyons que dans la Providence divine quelque bien résulte de ce conflit. La France a passé par une nouvelle naissance : elle a été régénérée. La Russie a été démocratisée. La Grande-Bretagne a été unifiée. La Belgique a été glorifiée. Et maintenant notre propre pays est en train de s'internationaliser en entrant dans cette lutte dans laquelle nous ne recherchons ni un pied de territoire, ni une once de pouvoir temporel, ni l'argent d'aucune nation, mais simplement une occasion de servir l'humanité. »

. . . .

« La question fondamentale qui se pose est celle de savoir si nous serons chrétiens jusqu'au bout. Partout les chrétiens qui réfléchissent en arrivent à cette conviction : la guerre d'une horreur sans précédent et la crise mondiale que nous traversons prouvent que la maladie dont souffre notre race, c'est de n'avoir pas essayé l'application intégrale et conséquente des principes du Christ à toutes les sphères de la vie humaine. Nous apprenons qu'il est impossible d'être à moitié chrétien. La croix toute entière est plus aisée à porter que la moitié. »

. . . .

« Les Eglises Protestantes sont particulièrement les gardiennes de la liberté de conscience, qui, ne l'oublions jamais, est la racine de la liberté de pensée, de la liberté de la parole et de la libre recherche... La question posée par la guerre est de savoir si les individus comme les nations seront obligés à respecter la morale chrétienne. La réponse que l'on donne est d'une importance vitale pour le Royaume de Dieu et les Eglises ne peuvent pas s'en désintéresser. Car, la conception germanique de l'Etat comme étant sa propre loi et se mettant au-dessus des obligations morales, est du paganisme purement et simplement. »

. . . .

« Comment cette guerre se terminera-t-elle ? Dieu doit accomplir un miracle. Ce qui est impossible aux hommes, est aisément réalisé par Dieu... Dans les heures les plus sombres, la grande fonction de l'Eglise, c'est de proclamer la venue de l'aurore, de s'avancer avec le seul vrai Evangile, celui qui enseigne que l'amour conquerra la haine, que la lumière dissipera les ténèbres, que le bien triomphera du mal, que là où le péché national et international a abondé, la grâce surabondera. »

L'assemblée plénière de toutes les Eglises Protestantes des Etats-Unis lança alors un *Message* pour être lu dans toutes les chaires « un ou plusieurs dimanches ». Le préambule détermine les questions de principe :

« Après une longue patience et avec le sentiment solennel de ses responsabilités, le gouvernement des Etats-Unis a été contraint de constater qu'un état de guerre existe entre notre pays et l'Allemagne... Comme citoyens d'une nation pacifique, nous abhorrons la guerre. Mais puisque, malgré tous nos efforts, la guerre est venue, nous sommes heureux de pouvoir pleinement approuver le but que nous poursuivons. Revendiquer les principes de la justice et de l'inviolabilité de la parole donnée entre les nations; sauvegarder à toutes les nations, petites ou grandes, le droit de vivre dans la liberté et la paix; contrecarrer et abattre les forces qui tendent à empêcher l'union des nations dans une communauté de peuples libres et poursuivant d'un commun accord un même idéal, voilà des fins pour lesquelles chacun d'entre nous peut tout sacrifier, même sa vie.

« Nous nous engageons dans cette guerre sans hâte et sans passion, sans vues intéressées privées ou nationales, sans haine et sans amertume contre ceux que nous combattons.

« Personne ne peut prévoir l'issue de cette lutte. Elle nécessitera toute l'énergie et tout l'héroïsme dont la nation est capable. Quelle est donc la mission de l'Eglise en cette heure de crise et de danger ? C'est d'éprouver tout ce qui se projette ou se fait au nom de la nation à la mesure de la pensée du Christ.

« Sur un seul point, nous n'avons pas tous la même interprétation de cette pensée. Quelques-uns d'entre nous sont sincèrement convaincus qu'il est interdit aux disciples du Christ de prendre part à une guerre dans n'importe quelles circonstances. La plupart d'entre nous, nous croyons que l'amour de tous les hommes qui nous est ordonné par le Christ, nous enjoint de défendre de tout notre pouvoir les droits sacrés de l'humanité. Mais nous sommes tous unis dans notre loyauté envers notre pays, dans notre entier et cordial dévouement à son service. »

Le message se termine par un exposé remarquable des tâches pratiques qui s'imposent aux Eglises :

le bien-être moral et spirituel des soldats et des marins ;

la propagande en faveur de la prohibition de l'alcool ;

la lutte contre l'immoralité et le vice patenté ;

les œuvres de secours de guerre et de la Croix-Rouge ;

la protection de l'enfance ;

le développement de la production des denrées alimentaires ;

la réaction contre les habitudes de gaspillage et de luxe ;

la sauvegarde des lois sociales et des garanties des travailleurs ;

la lutte contre l'accaparement et les bénéfices exagérés ;

la généralisation de l'impôt pour solder les frais de la guerre ;

le maintien des libertés individuelles même sous le régime de guerre.

III. L'organisation des Eglises en vue de la guerre

Avec la rapidité de conception et l'ampleur dans l'exécution qui sont les qualités dominantes des Américains, les Eglises Protestantes des Etats-Unis s'organisèrent pour la guerre avec une promptitude qui tient du miracle.

A la réunion de la Fédération des Eglises Protestantes à Washington (mai 1917) fut immédiatement établie une « *General War Time Commission of the Churches* », Comité général des Eglises pour le temps de guerre. Ce comité resta en fonctions jusqu'au 29 avril 1919. Il eut comme président l'un des hommes les plus remarquables du protestantisme américain, Robert E. Speer, et comme secrétaire général un professeur de théologie de New-York, Rév. William Adams Brown. Les 42 membres de son comité exécutif représentaient les éléments les plus distingués des diverses dénominations, y compris certains corps qui n'avaient pas encore adhéré à la Fédération. On laissa à cet organisme une très large autonomie, lui permettant de prendre toutes les initiatives provoquées par les nécessités présentes, quitte à se faire approuver ensuite par la Fédération des Eglises. L'œuvre fut dirigée avec tant de sagesse et de tact, qu'elle rencontra l'approbation générale sur tous les points.

La première tâche consista à coordonner l'activité des différents Comités de Guerre que chaque dénomination avait créés dans son sein. On a publié un agenda de 337 pages d'un texte serré, qui est consacré uniquement à une nomenclature des agences ecclésiastiques de guerre avec quelques mots sur leur activité. On y trouve les organisations baptistes, « chrétiennes », congrégationalistes, luthériennes, presbytériennes, méthodistes, moraves, quakers, épiscopales, unitaires, etc., et en outre les catholiques romaines et les juives. Puis les organismes interecclésiastiques : Société Biblique Américaine, Union des Ecoles du dimanche, Fédération des Eglises, Conseil de la Mission intérieure, Comité des « Buts moraux de la Guerre », Armée du Salut, Unions chrétiennes des Jeunes Gens et des Jeunes Filles, « Committee on the War and the Religious Outlook » (Comité de publications se rapportant à la guerre jugée du point de vue chrétien). Et nous oublions encore les « Scientistes chrétiens » : bien que niant la souffrance, ils eurent (heureuse inconséquence !) leurs œuvres de secours et même leurs aumôniers « scientistes » dans l'armée et la marine !

Les soixante dernières pages de cet agenda, imprimées en très petits caractères comprennent une liste serrée des publications de circonstance, publiées par les Eglises au sujet de la guerre. Tracts pour les soldats et pour les civils ; appels à la prière ; plans de reconstruction sociale ; modèles de services spéciaux ; recueils de cantiques de circonstance ; traités sur les questions morales et religieuses soulevées par la guerre ; consolations pour les familles en deuil ; patrons pour la confection de robes, chemises, tabliers, etc., pour les enfants, femmes et hommes, français, belges, russes ou serbes ; avertissements aux soldats juifs contre le mariage avec les chrétiennes ; publications bibliques ; revendications sociales des noirs américains ; il y a une variété infinie dans cette véritable bibliothèque qui a surgi en quelques mois des préoccupations, des angoisses et des espérances de l'âme religieuse américaine. Qui pourrait évaluer l'influence exercée par ces millions de pages imprimées qui pénétrèrent dans toutes les classes de la population et accompagnèrent les soldats sur les transports et jusque dans les tranchées ?

Dire ce que chaque dénomination imagina et réalisa pour venir en aide au pays en guerre, encourager les soldats et soutenir le moral dans la mère-patrie, nécessiterait un volume. Nous allons passer en revue d'une manière générale les principales formes de l'activité patriotique des Eglises.

Ceux qui ont pu constater que tous ces plans ne sont pas restés de vagues projets sur le papier et qui ont vu avec quelle profonde harmonie les Eglises ont coopéré à cette œuvre gigantesque, seront prêts à contresigner cette conclusion d'un rapport du Federal Council : « Il est probable que jamais dans l'histoire de notre nation [et nous ajouterions : d'aucune nation] les forces religieuses n'ont travaillé dans une si parfaite unité d'esprit. »

Partout dans les modestes et simples chapelles, comme dans les imposantes cathédrales chargées d'ornements sacerdotaux, le drapeau national fut arboré sur la chaire, devant la table de communion ou sur l'autel. Dans les Eglises Episcopales, la bannière étoilée était portée solennellement au début de chaque service derrière la croix en présence de l'auditoire debout en signe de respect. Dans une Eglise Anglicane du Sud, je vois encore le geste plein de grâce et de gravité avec lequel un vieux gentleman saluait l'étendard américain qu'un enfant de chœur au surplis blanc introduisait dans l'Eglise. A la cathédrale de Cleveland, on portait processionnellement non seulement le drapeau américain, mais aussi ceux de la France, de l'Angleterre, de la Belgique et de l'Italie : de superbes bannières en soie que les choristes groupaient pittoresquement des deux côtés de l'autel, pour les ramener respectueusement dans la sacristie aux sons de la sortie d'orgues.

Bientôt un autre drapeau prit sa place dans les Eglises, à côté de la « *Star Strangled Banner* » : c'était le « *Service Flag* ». Un drapeau blanc à encadrement rouge sur lequel des étoiles bleues représentaient chaque jeune homme de la communauté enrôlé dans l'armée ou la marine ; parfois aussi des croix bleues désignaient les jeunes filles servant comme ambulancières ou garde-malades. A la porte de l'Eglise ou dans le vestibule d'entrée, un « Tableau d'honneur » donnait les noms des membres de la congrégation, qui d'abord s'étaient enrôlés comme volontaires et dans la suite avaient été mobilisés. Puis, lorsque les troupes américaines arrivèrent enfin dans les tranchées pour combattre avec les nôtres l'ennemi commun, des étoiles bleues firent graduellement place à des étoiles d'or, désignant ceux qui étaient tombés au champ d'honneur. Ainsi l'Eglise en prière se mettait en communion constante de pensées avec l'Eglise combattante.

IV. Le Service de l'aumônerie

L'aumônier est le représentant de la religion dans l'armée et la marine. Dans la petite armée régulière des Etats-Unis, il existait quelques aumôniers (53 aumôniers protestants dans l'armée et

31 dans la marine), mais ils n'avaient pas de préparation spéciale pour leur tâche, ils n'avaient pas de liens entre eux, ils manquaient de moyens d'action, et leur position dans l'armée était mal définie et plutôt méprisée.

Un Comité spécial de la « General War-Time Commission » s'occupa de la réforme et de l'extension de l'aumônerie militaire. Tous les aumôniers furent des pasteurs consacrés ou des prêtres. Dans l'armée, ils avaient le rang d'officier, de premier lieutenant à major ; dans la marine, de « junior lieutenant » à capitaine. Les postes de l'aumônerie furent répartis entre les confessions dans la proportion de 36 0/0 pour les catholiques et de 64 0/0 pour les protestants. Ces derniers répartirent leurs aumôniers entre les diverses dénominations, en raison du total de leurs membres. On remarquera que la proportion accordée aux catholiques est forte : cela est dû aux statistiques catholiques dont la base n'est pas aussi rigide que celles des protestants et également à la disposition des protestants d'être plus que justes envers la minorité catholique romaine. Dans la suite, on ajouta vingt aumôniers pour représenter les Israëlites et certaines dénominations spéciales.

Parmi les aumôniers protestants, on s'efforça d'effacer les distinctions de sectes. Examinés par un comité interecclésiastique, les aumôniers reçoivent leur commission de l'ensemble des Eglises Protestantes et ont pour devoir de servir les intérêts communs. On établit une école commune pour les aumôniers, afin de les préparer à leur tâche spéciale. Plus de 7.000 candidats protestants furent examinés et plus d'un millier furent acceptés et commissionnés. Ils constituaient une élite, car très sagement les Eglises américaines donnèrent à l'armée leurs meilleurs pasteurs, répondant à cet appel de l'aumônier en chef des troupes expéditionnaires, l'Evêque C.-H. Brent : « Nous vous enjoignons de considérer qu'une élite des hommes de notre nation sont en France ou en route pour la France, dominés par l'esprit de sacrifice. Les pasteurs les plus doués et les plus énergiques ne sont pas trop bons pour les servir. Ce serait un crime que d'envoyer des hommes faibles ou incompétents pour une tâche aussi sublime et aussi difficile. Donnez-nous ce que vous avez de meilleur et hâtez-vous ! »

Réclamant plus d'aumôniers pour ses armées en France, le Général Pershing écrivait :

« Me sentant responsable de la prospérité de mes hommes dans tous les domaines, je désire les entourer des meilleures influences possibles. Pour remplir cette mission solennelle, il me paraît sage de faire appel à l'aide des Eglises de la mère-patrie. » Et le Commandant en chef ajoutait : « Les hommes choisis doivent être de la meilleure trempe ; il faut qu'ils jouissent de la réputation bien établie d'être des pasteurs actifs, pratiques et judicieux... Leur activité aura à se déployer dans les circonstances les plus éprouvantes. »

Et nous aurons une idée de la valeur de ces aumôniers protestants américains par cette description typique : « Des hommes remarquables s'offrent pour ce travail, renonçant à des pastorats avantageux. L'un d'eux fut le remplaçant de l'évêque dans son diocèse ; un autre remporta tous les prix d'érudition et d'art oratoire dans son université ; un troisième remplissait un des « meilleurs » pastorats de sa dénomination ; un quatrième enfin est un athlète auquel un club important de « base-ball » offrit un énorme salaire comme « pitcher » (!)... Ce qu'il nous faut ce sont des hommes qui puissent prêcher et enseigner, prier et jouer, convertir et convaincre (preach and teach, pray and play, convert and convince).

Le nombre des aumôniers fut augmenté jusqu'à fournir à l'armée en campagne un chapelain pour 1.200 officiers et soldats ; dans la marine, un aumônier sur chaque unité de quelque importance et deux dans chaque port militaire. En novembre 1918, il y avait 1.317 aumôniers protestants dans l'armée et 122 dans la marine.

En outre, on recourut aux services d'un nombre très considérable d'*aumôniers volontaires* pour les millions de soldats des 170 et quelques camps d'entraînement des Etats-Unis. Ce furent les pasteurs des Eglises voisines de ces camps dispersés dans tous les Etats. Une forte brochure de 119 pages donne un catalogue des camps et de leurs aumôniers volontaires, dont le nombre total a dû être considérable et le travail extrêmement utile.

Plus de trois cent mille nègres étant enrôlés dans l'armée et la marine, on prit des dispositions spéciales pour leur fournir des aumôniers de leur race, réguliers et volontaires.

V. La protection morale des soldats et marins américains

Parallèlement à l'œuvre religieuse proprement dite, les Eglises se préoccupèrent avec persévérance et avec grand succès de la protection morale des hommes de leurs armées de terre et de mer.

Avec une admirable promptitude de coup d'œil et d'exécution, les Eglises américaines virent immédiatement les devoirs urgents que leur imposait la concentration de milliers de leurs jeunes hommes dans les camps d'entraînement et dans les villes voisines. Les locaux des Eglises, riches ou pauvres, luxueuses ou modestes, furent ouverts tout grands aux fils de la nation. On organisa pour eux des restaurants à bon marché, des salles de lecture et de correspondance, des soirées récréatives ; souvent les salles de réunions attenantes aux temples se convertirent en dortoirs pour les soldats de passage se rendant de leurs localités aux camps ou *vice-versa*. Dans d'autres pays, les Eglises n'avaient pas encore découvert cette façon de servir la cause nationale en protégeant les soldats contre les cabarets et les mauvais lieux, lorsqu'après quatre ans de guerre sonna l'heure de l'armistice ! Aux Etats-Unis, il suffit de quelques semaines pour concevoir des projets grandioses et les mettre à exécution grâce au dévouement personnel et persévérant de tous les membres des congrégations, pasteurs et laïques, hommes et dames, jeunes et vieux.

Il serait difficile d'évaluer l'action profonde exercée sur les trois millions de soldats américains par ce christianisme pratique mettant l'Eglise au service de la jeunesse héroïque de la nation. Combien durent être raffermies la foi et la résistance morale de ceux qui avaient été élevés dans les croyances chrétiennes ! Comme la religion a dû se présenter sous un jour favorable à ceux qui n'avaient jamais vu les gens d'Eglise que de loin et étaient prévenus contre eux ! Sans compter les cultes spéciaux, les réunions, les distributions de nouveaux testaments et de traités, est-ce que ce dévouement personnel des chrétiens ne fut pas le meilleur de tous les sermons ?

Nous ne parlerons pas du bien que cela fit aux chrétiens eux-mêmes, en leur apprenant à penser à autrui, à renoncer à leurs aises, à comprendre que l'Eglise n'est pas là pour la jouissance de ses membres, comme une sorte de club, mais qu'elle a sa raison d'être dans le sauvetage de l'humanité qui se perd loin du Christ. Combien de mères, de fiancées, de pères, anxieux et sans nouvelles, ont trouvé dans cette activité désintéressée, le meilleur des calmants et la plus sûre des consolations !

Voulant que le séjour dans les camps devînt pour la jeunesse masculine de la nation une occasion de développement et non pas de perdition, les Eglises prirent la tête du mouvement en faveur du nettoyage moral des agglomérations voisines des casernements. Dans les Etats ou les villes qui n'étaient pas encore « dry » en 1917, on défendit la vente de *toute* boisson alcoolique dans un rayon de 5 milles des camps. Je ne me souviens pas d'avoir vu un seul soldat ivre dans tous mes voyages aux Etats-Unis de 1917 à 1919. Si ces moyens de protection furent excellents dans la mère-patrie, on peut se demander si ces barrières quelque peu artificielles placées autour de l'alcoolisme, n'ont pas fait de certains soldats américains des victimes plus aisément et plus gravement atteintes par la boisson, lorsqu'ils furent exposés à toutes les tentations de l'Europe où, hélas ! les mesures antialcooliques étaient souvent nulles ?

On ne se contenta du reste pas de mesures négatives de prohibition. Un comité spécial fut organisé par la conférence du « Federal Council » (mai 1917) sous le nom de « *United Committee, on War Temperance Activities in the Army and Navy* ». Ce comité fut officiellement reconnu et seul autorisé à organiser la propagande antialcoolique parmi les soldats et les marins. Non seulement des centaines de mille tracts de tempérance furent distribués, mais dans les camps on organisa des ombres chinoises, des films cinématographiques, des appareils stéréoscopiques et des stéréomotographes avec sujets antialcooliques. Ce dernier appareil est une petite lanterne à projection lumineuse qui fonctionne automatiquement et sans arrêt, projetant sur un écran toutes les quelques secondes une vue photographique. Etant dans un hôtel de Cleveland lors d'un congrès de Brasseurs et Distillateurs, je vis un appareil de ce genre démontrer l'usage des boissons alcooliques dans le régime officiel des armées européennes : bière dans les tranchées allemandes et pinard dans les casernes françaises !! On est heureux de penser que cette intéressante invention a été employée à de meilleurs usages !

Dans les villes où le vice patenté existait encore, on supprima complètement les maisons closes et on traqua sans pitié la prostitution clandestine ; on sait que la police américaine n'y va pas de main morte, quand elle est décidée à supprimer un abus. Les résultats obtenus furent presque partout rapides et radicaux. Il en résulta que la moralité sexuelle devint parmi les soldats supérieure à ce qu'elle était parmi la jeunesse masculine du pays en temps de paix.

Avec le sens pratique si aiguisé et la charité si éclairée qui règnent en Amérique, les chrétiens ne se contentèrent pas de traquer et de pourchasser les agents du vice public ; ils se préoccupèrent d'aider intelligemment les malheureuses privées de leur honteux gagne-pain. Dans une des belles Eglises de San-Francisco, par exemple, un pasteur rassembla un jour plusieurs centaines de prostituées pour écouter leurs doléances et aviser avec elles aux meilleurs moyens de leur assurer honorablement la subsistance.

Dans la protection morale des soldats et marins, un rôle prépondérant fut joué tant aux Etats-Unis qu'au front, par les Unions de Jeunes Gens (Y. M. C. A.) et les Unions de Jeunes Filles (Y. W. C. A.). Ces deux grandes organisations sont des émanations directes des Eglises Protestantes. Comme un de leurs leaders le déclarait à un Congrès de la Fédération des Eglises, ces Unions sont « de l'Eglise, par l'Eglise et pour l'Eglise ».

L'activité des Y. M. C. A. fut éducatrice, récréative, physique, sociale et religieuse. Elle fut poursuivie dans 333 camps, postes militaires et stations navales en Amérique et dans 1.680 centres en France, sans compter le travail poursuivi en Belgique, Russie, Pologne, Italie et Mésopotamie. En outre, des agents des Unions accompagnèrent les troupes sur les trains, sur les transports et sur les navires de guerre en service actif.

Dans les camps, 863 « huts » ou baraquements furent élevés au coût total de plus de 5 millions de dollars. Pour ce travail spécial, l'Association recruta 12.000 agents, dont 3.000 pasteurs et 1.300 secrétaires de Y. M. C. A. professionnels. Des centaines de pasteurs de riches et importantes Eglises reçurent des congés allant jusqu'à la durée de la guerre, pour se consacrer à cette œuvre de dévouement. Des hommes d'affaires, des commerçants, des avocats renoncèrent à des occupations lucratives pour s'engager dans ce travail, soit pour un traitement modique, soit sans aucune rémunération.

Dans une préoccupation louable de tolérance, l'Association donna d'abord à son œuvre un caractère extrêmement neutre au point de vue religieux. Ce caractère fut malheureusement accentué en Europe. La même politique de neutralité fut suivie en Belgique par le Y. M. C. A. anglais. Partant de l'idée préconçue et parfaitement fausse qu'en Belgique et en France tout non-protestant est un catholique, on atténua autant que possible le caractère évangélique de l'œuvre dans le désir de respecter les consciences. Quelles uniques occasions ont été ainsi manquées de présenter le pur et simple Evangile de Jésus-Christ à notre jeunesse masculine ! Tout cela, nous insistons sur ce fait, partait d'excellentes intentions, d'une conception exagérée de la tolérance religieuse. Mais cela n'empêche que les organisateurs de cette œuvre admirable, pour laquelle nos armées et nos peuples seront éternellement reconnaissants aux Américains, auraient été bien avisés d'écouter les conseils de chrétiens qui avaient plus qu'eux l'expérience des conditions morales des pays dits catholiques.

En Amérique, des critiques s'élevèrent contre cet excès de neutralité religieuse. Et cela parmi le public des Eglises qui finançait surtout l'entreprise. Dès lors, un grand effort fut fait pour ajouter l'élément religieux à tous les autres si utiles en eux-mêmes, dans les camps où cet élément avait été par trop négligé. Aux Etats-Unis, un « Bureau du Travail religieux » dirigea les efforts de plus de 500 pasteurs et évangélistes, sans compter l'activité religieuse des agents officiels. De cette façon, 134.513 réunions religieuses furent tenues avec un auditoire total de 21.693.366 soldats. Des prédicateurs de premier ordre furent envoyés pour faire des campagnes religieuses parmi les troupes américaines en Europe. Dans les camps de la mère-patrie à eux seuls, 104.448 réunions de classes bibliques furent tenues avec un auditoire total de 3 millions d'hommes. On institua une carte de profession de foi chrétienne qui jusqu'au 19 avril 1919 avait été signée par 340.115 soldats ; les signataires étaient suivis par correspondance et ensuite signalés aux pasteurs de leurs localités. Plus de 75 différents traités et brochures religieuses furent publiés, représentant en tout plus de 15 millions d'exemplaires. La Société Biblique Américaine fit don de 1.100.000 Nouveaux Testaments et 3.384.437 furent imprimés par l'Association : cela fait un total de 4.484.437 Nouveaux Testaments, sans compter 2.024.546 portions bibliques. Et jamais l'on n'arriva à satisfaire la demande ! (1).

Pour ce qui concerne le Y. W. C. A., nous parlerons plus loin de son admirable activité parmi les femmes et jeunes filles. Signalons ici une idée exquise et bien américaine : l'érection dans les camps de « Hostess Houses », bâtiments où des hôtesses des Unions de Jeunes Filles recevaient et hébergeaient les mères, femmes, sœurs et fiancées venues au camp pour visiter « leurs hommes ». De jolis salons offraient aux amoureux un gracieux abri qui fut pour beaucoup une vraie sauvegarde morale. Aux Etats-Unis, 122 maisons de ce genre furent ouvertes et administrées par le Y. W. C. A.

Mieux adaptée que toute autre organisation religieuse à un travail parmi les soldats, l'Armée du Salut prit une part très importante à l'œuvre morale et religieuse de guerre. Dès la première semaine de la déclaration de guerre à l'Allemagne, le

(1) Cette même *Société Biblique Américaine* a contribué par l'intermédiaire de la *Société Biblique de France* à des distributions d'Evangiles parmi les troupes Françaises et Belges qui ont porté sur des dizaines de milliers d'exemplaires.

chef de l'« Armée » en Amérique, Commandante Evangeline Booth, fille du Général, mit toute son organisation à la disposition du Président Wilson, qui accepta cette offre avec gratitude. En France, la section *américaine* de l'Armée du Salut à elle seule entretint 500 officiers, agents et employés, presque tous salutistes. Ils devinrent bientôt extrêmement populaires, hommes et femmes, parmi les soldats, à cause de leur grand courage à s'exposer au danger pour rendre service aux troupes. Il est vrai de dire que d'autres agents et les aumôniers furent également courageux, et que l'Armée du Salut a toujours eu un talent marqué pour se faire sa presse ; cela n'empêche que la popularité des salutistes a fait des progrès étonnants et justifiés parmi le public américain, qui aida cette œuvre d'une façon toujours plus généreuse. Il nous paraît qu'un élément important de cette popularité envahissante fut le caractère nettement et largement religieux de l'activité salutiste.

Cependant pour le soldat américain le symbole de l'Armée du Salut ne devint ni le tract religieux, ni le tambourin, ni le chapeau « Alleluia », mais bien les « doughnuts », pâtisserie massive, en forme de rondelle et cuite dans la graisse, que les Salutistes se firent une spécialité de fournir aux soldats jusque dans les tranchées. Au milieu des années de guerre, un jour à New-York le carrefour de la Bourse et de la Banque Morgan (celui-là même où se produisit en septembre 1920 une terrible explosion) se trouvait encombré d'une telle foule que malgré de grands renforts de police, la circulation y devenait impossible. Que se passait-il donc? Du haut du péristyle de la Bourse s'envolaient des volutes d'une épaisse fumée noire ? Un incendie ? Non : la fumée sortait d'un fourneau mobile sur lequel des salutistes affairées confectionnaient force « doughnuts » que d'autres « officières et soldates » vendaient au public en faveur de l'œuvre. Plus d'un de ces modestes bonbons fut payé son poids d'or par de riches financiers de la Cité !

VI. La protection des civils

Ecrivant du front à la War Time Commission des Eglises, le Général Pershing s'exprimait comme suit : « Après tout, nous luttons en commun : vous là-bas et nous ici. Ce qui est nécessaire à la virilité du soldat est également nécessaire pour maintenir le moral du civil. »

Les Eglises Protestantes américaines prirent une part remarquable au maintien du moral de la population civile américaine. Cette tâche était d'autant plus importante que les Etats-Unis étaient très loin du siège des hostilités et avaient peine à se sentir directement en danger ; qu'il fallait réagir contre la tendance séculaire à s'isoler des affaires européennes ; qu'il y avait à combattre une redoutable propagande allemande, irlandaise, sans compter d'autres influences sourdement hostiles à la protestante Angleterre, à la France « persécutrice de l'Eglise », aux protagonistes de la démocratie dans le monde ; qu'il était urgent d'éclairer le pacifisme honnête, mais borné d'excellents chrétiens qui avaient réélu M. Wilson sur cette conviction : « He kept us out of War » (Il nous a protégés contre la guerre !)

C'est à l'influence spirituelle que les Eglises eurent avant tout recours. Ainsi un appel général à la prière fut adressé à tout le peuple en novembre 1917 par la Fédération des Eglises pour le Thanksgiving Day :

« Le Président et les gouvernements de plusieurs Etats vous ont de nouveau appelés à consacrer un jour à l'Action de grâces et à la prière... Nous sommes entrés dans une période de suprême besoin et de grave épreuve. Au nom de nos Eglises nous invitons tout notre peuple à la prière.. »

Après une exhortation à rendre grâces à Dieu pour ses bienfaits, nous lisons la touchante confession des péchés qui suit :

« Implorons la compassion et le pardon de Dieu ; confessons nos péchés et repentons-nous de notre égoïsme, de notre manque de fraternité, de notre acceptation tacite de conditions sociales et d'idées anti-chrétiennes, de notre tolérance envers l'impureté, l'intempérance, envers le mal qui sous diverses formes dévore la vie de notre peuple et affaiblit notre nation ; de nos préjugés de races, de notre approbation de l'injustice parmi nous ou dans nos relations avec d'autres peuples. Dans le souvenir douloureux de nos propres fautes et de nos erreurs, humilions-nous devant Dieu et demandons-Lui que dans Sa miséricorde, Il nous épargne ses justes châtiments. »

« Que dans nos lieux de culte et dans la prière secrète de nos cœurs, ces journées soient solennellement observées par la Nation cherchant Dieu et Le trouvant. Que les chrétiens ne s'unissent pas seulement dans la prière et l'intercession en ces journées spéciales, mais que chaque jour dans nos maisons et, autant que faire se peut, dans nos temples, nous prions pour connaître et accomplir la juste volonté de notre Dieu, afin que l'injustice soit supprimée parmi les peuples et dans le cœur des hommes et que la création tout entière fasse entendre cet appel : « Que Ton Règne vienne, que Ta volonté soit faite sur la terre comme au ciel ! »

Une commission spéciale fut instituée pour une campagne d'éducation au sujet des buts moraux de la guerre en octobre 1917 : « National Committee on the Churches and the Moral Aims on the War ». Cette œuvre reçut une importante subvention de la « Church Peace Union », elle-même soutenue par Andrew Carnegie. Le but de cet organisme était de « mener une campagne d'éducation par le moyen des Eglises dans le but de pousser les Américains à appuyer la politique du Président dans la poursuite de la guerre pour la démocratie, la justice internationale et la Ligue des Nations. » Les meilleurs orateurs, pasteurs et laïques, des Eglises, tinrent des réunions dans plus de 300 villes où assistèrent 33.334 ministres et ecclésiastiques. Il s'agissait d'éclairer le clergé pour influencer les masses. On utilisa les services d'orateurs alliés, tels que le Rév. Sir George Adam Smith, Principal de l'Université d'Aberdeen; Bishop Charles Gore, Evêque d'Oxford; Rév. Arthur T. Guttery, Président de la Fédération des Eglises libres d'Angleterre et Galles ; le pasteur Daniel Couve, Directeur adjoint de la Société des Missions Evangéliques de Paris.

Une énorme quantité de tracts, brochures et publications diverses expliquèrent les « buts moraux de la guerre », la Ligue des Nations, la tâche du pasteur en temps de guerre, etc. On distribua 100.000 plans de sermons et discours sur les mêmes sujets. Ces suggestions furent utilisées par des milliers de pasteurs.

La « General War Time Commission » répandit abondamment des brochures indiquant aux Eglises de villes d'une part, aux Eglises de la campagne d'autre part, comment elles pourraient organiser leur activité de guerre dans tous les domaines. Ces publications sont des modèles de sens pratique.

Voici les en-têtes des différents paragraphes :

I. *Organisation d'un Comité de guerre avec un programme de guerre dans chaque Eglise.* (Après la guerre, continuer sous forme d'œuvre sociale).

II. *Drapeaux et tableau d'honneur.*

III. *Œuvres en faveur des soldats appartenant à la communauté :*

a) Correspondance régulière ;

b) Expédition de paquets ;

c) Fourniture de Bibles, recueils de cantiques et livres de prière ;

d) Soin des soldats avant leur départ des camps.

IV. *La Croix-Rouge et autres organisations de secours :*

a) Préparation du matériel d'hôpital ;
b) Recrutement de membres pour la Croix-Rouge;
c) Classes de soins aux blessés ;
d) Appui à d'autres sociétés philanthropiques et religieuse.

V. *Soin des familles de soldats :*

a) Secours en cas d'indigence ;
b) Inquiétudes des pères et mères ;
c) Consolation des familles en deuil.

VI. *Coopération avec le gouvernement :*

a) Conservation des ressources nationales (aliments, combustibles ; devoir de l'économie et de la sobriété) ;
b) Souscriptions aux emprunts de guerre, aux caisses d'épargne et paiement régulier des impôts ;
c) En faire une question de devoir religieux ;
d) Mettre en garde contre ceux qui critiquent le gouvernement.

VII. *Veiller au maintien des lois sociales.*

VIII. *Pourvoir aux besoins moraux et spirituels des nouvelles agglomérations produites par les industries de guerre.*

IX. *Veiller à l'Américanisation des résidents étrangers.* (Plus de 5 millions de personnes nées à l'étranger ne parlent pas l'anglais).

X. *Devoirs des Eglises voisines des camps militaires :*

a) Réception des soldats dans les familles ;

b) Equipement des chapelles voisines des camps ;

c) Programme de récréation pour les jours de la semaine ;

d) Protection des jeunes filles ;

e) Influence religieuse sur les soldats et sur leur environnement ;

f) Comment atteindre les soldats individuellement ?

g) Réagir contre le fait que les petits camps sont souvent négligés.

XI. *Les problèmes de la paix et de la reconstruction.*

Ce vaste programme, dont on devine les multiples applications, fut admirablement rempli par la plupart des Eglises, chacune selon leurs ressources, leur personnel et leur situation spéciale. Nous reprendrons quelques-uns des points essentiels de ce programme pour montrer les résultats obtenus par l'activité si dévouée et si intelligente des chrétiens américains.

Une des premières nécessités était de fournir de l'argent au gouvernement. Les Américains n'ont généralement pas l'habitude de l'épargne. Et lorsqu'ils font des placements financiers, ils préfèrent les valeurs industrielles ou minières aux fonds d'Etat, convoitant des fortunes rapides et n'ayant pas peur du risque ; la petite épargne, l'épargne postale, par exemple, est peu populaire. Malgré la prospérité sans précédent que les premières années de la guerre avaient value aux Etats-Unis, il fallut des efforts surhumains pour décider le public à confier de l'argent au gouvernement. Il faut avoir assisté aux campagnes frénétiques en faveur de chacun des emprunts de guerre pour se faire une idée de la pression qui dut être exercée sur le peuple.

Les Eglises jouèrent un rôle important dans cette éducation financière. « Les ministres ont le devoir », dit le Programme de Guerre « de faire comprendre à leurs congrégations que la réussite de la guerre a pour condition essentielle l'appui financier de tout le peuple ; par conséquent, il faut considérer comme des devoirs chrétiens et patriotiques le paiement « joyeux » des impôts, la souscription généreuse aux emprunts, la coopération au mouvement d'épargne par les « Timbres de guerre ». Le Peuple américain doit être éduqué dans les antiques vertus de l'économie et de l'« épargne ».

Dans les majestueuses cathédrales Episcopales comme dans les modestes chapelles Baptistes, on entendit du haut des chaires des appels financiers qui souvent auraient fait pâlir de jalousie professionnelle les meilleurs courtiers du Stock Exchange ! Des prédications entières furent consacrées à ce sujet et une propagande intense fut organisée dans les Ecoles du Dimanche et les Sociétés de Jeunesse.

Il en fut de même pour la campagne en faveur de la conservation et de la production des denrées alimentaires. Sur les instances de M. Herbert Hoover, on fit comprendre aux Américains que la guerre ne pouvait être gagnée qu'à la condition de nourrir les armées américaines et alliées, comme les nations alliées en Europe.

« C'est sur les fermiers, déclare un message du Président Wilson que repose dans une grande mesure l'issue de la guerre et le sort des Nations. » Et le programme des Eglises ajoute : « Jamais le fermier n'a pu sentir aussi intensément qu'il est co-ouvrier avec Dieu dans l'exaucement de la requête du pain quotidien... Inculquez aux fermiers la nécessité absolue d'augmenter immédiatement la production alimentaire, comme leur devoir chrétien et comme l'aide la plus efficace en vue de la victoire. Faites-leur saisir que nous devons nous préparer à fournir de la nourriture non seulement pendant la guerre, mais pendant les années suivantes. » On conseille l'organisation de « Food Sundays » et l'on suggère des textes de sermons : Ezéchiel 4/9, Jean 6/12, Matthieu 6/11, Luc 7/5, etc.

Cette action morale intense et générale réussit remarquablement à réagir contre les tendances égoïstes des fermiers qui auraient eu intérêt à ne pas surproduire à une époque où les prix étaient extraordinairement élevés et où un travail réduit leur aurait suffi pour subvenir à leurs propres besoins.

Plus touchants encore furent les efforts faits

pour lutter contre le gaspillage des aliments et pour décider les Américains à se restreindre volontairement malgré leur prospérité financière et la pleine abondance de leurs produits naturels. Au moment de quitter les Etats-Unis, Sir George Adam Smith me déclara que rien ne l'avait plus ému que cette discipline désintéressée de tout un peuple se privant *volontairement* de viande, de sucre, de pain blanc et de tous produits du blé pour aider ses Alliés d'au-delà l'Océan. Par des affiches, comme par des sermons, on prêcha « the Gospel of the Clean Plate », l'Evangile du plat net, pour réagir contre le gaspillage inouï de la nourriture dans les restaurants et dans les familles. Les fidèles étaient invités à remettre chaque dimanche une carte, indiquant combien des 14 repas de la semaine, avaient été conformes aux règles de la cuisine du temps de guerre. Les pasteurs insistèrent avec la presse pour qu'on réduisît à son minimum la consommation du blé, de la viande, du sucre et des graisses, ces aliments concentrés prenant moins d'espace et pouvant plus facilement se transporter à travers l'Atlantique. Dans le Nord, où ce n'est pas du tout l'habitude, on s'astreignit volontairement à consommer surtout des gâteaux de maïs, au lieu de pain, car le maïs se transporte mal et il est peu goûté par les Anglais, les Belges et les Français. Telle famille aisée de Philadelphie fit le vœu de ne pas manger de crème glacée pendant la durée de la guerre pour épargner le sucre et le combustible (fabrication de la glace) : le sacrifice suprême pour des enfants américains et même pour des adultes ! Les élèves des Ecoles du Dimanche renonçaient à leurs « candies » (bonbons sucrés), leur passion dominante, pour fournir du sucre « aux petits Belges ». Dans le but d'économiser le combustible (qu'elles pouvaient parfaitement payer et se procurer), des Eglises fusionnèrent leurs services du soir pendant l'hiver. A un certain moment, l'essence menaça de manquer pour les armées alliées ; aussitôt un appel patriotique fut lancé par le gouvernement et appuyé par les Eglises, engageant les automobilistes à s'abstenir de rouler plusieurs dimanches de suite pendant la merveilleuse saison d'automne. Aucune sanction pénale n'était prévue et la police n'intervint pas ; par la seule pression morale, la circulation des autos fut presque réduite à zéro. Nous pûmes constater l'effet de cette mesure sur une route très fréquentée du nord de New-York. Le dimanche précédent, nous avions calculé, montre en main, que l'après-midi il passait 60 autos en moyenne par minute dans chaque sens; le premier dimanche « gazless », nous nous promenâmes pendant trois heures sur la même route et nous rencontrâmes une seule auto... un corbillard !

Une telle discipline morale exercée librement par une nation de cent millions d'habitants est le fait non seulement de la coopération présente des Eglises avec le gouvernement, mais d'une longue éducation de la conscience publique par le protestantisme, développant le sentiment de responsabilité personnelle parallèlement à l'amour de la liberté.

On pourrait ajouter bien des renseignements sur la propagande faite par les Eglises en faveur de la prohibition des boissons alcooliques du point de vue de la guerre : gaspillage de produits alimentaires (en 1916, 3 1/2 milliards de kilos, représentant le travail de 75.000 fermiers pendant six mois et la nourriture suffisante pour 7 millions d'hommes pendant un an) ; diminution des forces vitales de la nation (maladies, mortalité hâtée) ; affaiblissement de l'organisation sociale (crimes, pauvreté, chômage, etc.). En mai 1918, les Eglises Protestantes adressèrent au Président Wilson un message demandant l'application à la population civile des mesures de protection contre l'alcoolisme en vigueur pour les soldats et les marins, et cela « dans l'intérêt de ceux qui défendent notre Nation, pour épargner notre stock de vivres, pour assurer le maximum de rendement des industries de guerre, pour fortifier la santé morale du peuple. » Bien que s'associant à toutes les œuvres de guerre des Eglises, l'Eglise romaine ne signa pas ce manifeste. La réponse à cette pétition fut la prohibition totale et générale de la fabrication, de la vente et de l'importation de toutes les boissons alcooliques, comme mesure de guerre, en attendant que la prohibition devînt un article constitutionnel fédéral.

L'état de guerre créa aux Etats-Unis comme partout des conditions sociales nouvelles et anormales pour diverses catégories de la population. Les Eglises se préoccupèrent aussitôt de remédier aux dangers moraux et spirituels de ces situations inusitées. Nous dirons ce qui fut fait, entre autres, pour les ouvriers des centres de productions de guerre, pour les femmes et jeunes filles, pour les bûcherons du Pacifique et pour les prisonniers et internés.

Dans certaines régions, les industries de guerre provoquèrent le développement phénoménal de villes dites « champignons », à cause de la rapidité de leur croissance. Autour de certaines fabriques de poudre ou de munitions, comme de chantiers navals, se groupèrent des populations disparates. On avisa de leur fournir des lieux de culte et on érigea pour elles des « Liberty Churches ». Pour éviter les duplicata et les rivalités des dénominations, on établit des chapelles « d'union », unissant toutes les branches du protestantisme ; c'était une expérience nouvelle de coopération fraternelle, qui généralement donna d'excellents résultats.

Aux Etats-Unis comme ailleurs, la guerre augmenta le nombre des ouvrières dans l'industrie. La Commission « on the Church and Social Service » de la Fédération des Eglises eut quatre dames spécialistes chargées d'étudier la condition des ouvrières dans les centres de munitions, etc., puis de décider les Eglises locales à créer pour elles des œuvres de protection et de récréation. Dans le même ordre d'idées, un effort énorme fut fait partout pour protéger la jeunesse féminine contre les dangers provenant de la présence dans leurs villes de tant de jeunes soldats et contre les entraînements d'un patriotisme mal placé et d'un amour inconsidéré de l'uniforme ! Et on le fit, sans morigéner, sans vouloir établir des barrières infranchissables entre la jeunesse de deux sexes, mais au contraire en leur fournissant sous les auspices des Eglises des occasions de se rencontrer dans une atmosphère moralement saine.

Le développement des constructions navales et les besoins de l'aéronautique nécessitèrent la concentration de milliers de bûcherons dans les forêts en partie désertes de la côte du Pacifique et d'ailleurs. Rude métier, pratiqué généralement par des hommes plus rudes encore. Des évangélistes qualifiés pour cette tâche, furent envoyés dans les camps des forestiers. Il s'agissait de les protéger contre l'immoralité, l'athéisme cynique, mais aussi de les maintenir à leur ouvrage si essentiel à la poursuite de la guerre en réagissant contre la propagande délétère et pro-boche des « I. W. W. », puissante organisation anarchiste.

Enfin il y avait les prisonniers. Les Etats-Unis n'eurent guère que des internés civils, la plupart allemands. Ce fut la Mission intérieure des Eglises luthériennes qui fut chargée par le Ministère de la Guerre du soin spirituel des camps d'internement. Mais on eut la préoccupation de choisir des aumôniers, qui, tout en parlant l'allemand, étaient des « enthousiastes de la démocratie et des hommes d'un Américanisme bon teint. » Le but fut de chercher à transformer des internés en propagandistes des idées démocratiques plus tard en Allemagne. Nous ne savons jusqu'à quel point cette œuvre de désinfection morale fut couronnée de succès.

Pour donner une idée concrète de cette activité multiple des Eglises, nous raconterons la simple histoire d'une petite paroisse de campagne perdue dans les collines de l'Arkansas à 60 kilomètres à vol d'oiseau d'une station de chemin de fer, accessible par une route postale de 90 kilomètres ! Se rend-on compte que la population des Etats-Unis ne vit généralement pas dans les bâtiments à 30 étages ni dans les villes modernes et archi-civilisées, puisque 48 0/0 des Américains vivent dans des localités de moins de 2.500 habitants, où les maisons sont à un étage et en bois presque toutes. On comprendra combien la presse ou les messages gouvernementaux auraient été impuissants à mettre et à maintenir en ligne les sympathies et l'activité de ces populations rurales pendant la guerre sans le ministère fidèle et pénétrant des Eglises.

K... (Arkansas), n'a que quelques centaines d'habitants, tous fermiers et pauvres ; il y a deux magasins, une agence de banque, un moulin, trois forges et deux Eglises (protestantes). Dans tout le comté, il n'existe que des écoles primaires. Bien des gens ne savent pas lire ; quelques-uns sont abonnés à un journal ou à une publication hebdomadaire, mais la plupart ne lisent jamais de journaux. Voici des extraits d'un récit fait par le missionnaire d'une mission presbytérienne établie dans l'endroit :

« Les pasteurs des Eglises locales prêchaient tous que la fin du monde était proche. Lorsque j'annonçais pour la première fois que nous étions

« en état de guerre », cela ne plut pas à mes gens et ils m'appelèrent « impérialiste ». Quand la déclaration de guerre fut connue ils accoururent vers moi, ne comprenant pas ce que cela signifiait. Puis vint la loi du recrutement militaire. Les choses se gâtaient décidément ! La moitié de tous les services fut consacrée à discuter le sujet de la guerre. Bientôt l'auditoire tout entier jura de se consacrer au service de l'Evangile et de la Patrie jusqu'à la fin du conflit. Si j'apprenais que quelqu'un était encore récalcitrant, j'allais lui faire visite chez lui et parfois je tenais un service religieux dans la maison.

« Vint le jour de la conscription. Nous entourâmes les pères, mères, sœurs et fiancées. Pas un jeune homme ne manqua à l'appel. Ceux qui restèrent, hommes et femmes, redoublèrent de travail dans leurs fermes. Toutes les réglementations gouvernementales furent observées, les gens venant chaque fois me demander des explications. Puis vinrent les appels financiers : nous dépassâmes de plusieurs centaines de dollars la quote-part qui avait été assignée à notre localité pour chacun des emprunts nationaux. Pour la collecte en faveur des « Y. M. C. A. » et ensuite de la Croix-Rouge, il fallut des explications, car beaucoup n'avaient jamais entendu parler de ces œuvres ! Pour les « Y. », notre part était de 75 dollars : en 7 minutes, la somme fut souscrite. Pour la Croix-Rouge, nous devions donner 425 dollars : nous contribuâmes 479 dollars. Pour les « Timbres d'épargne de guerre » nous étions imposés de 6.000

dollars ; je convoquais les gens à la chapelle à deux heures après-midi, je leur parlai pendant vingt minutes et, à 4 heures, on avait encaissé 6.300 dollars !

« Au Memorial Day, nous lûmes la proclamation du Président ; puis, on déploya le « Service Flag » avec 42 étoiles ; le drapeau fut présenté par une veuve qui avait quatre fils « over there », en France, on ne savait où. Quand nous eûmes chanté la bénédiction, chacun s'en retourna dans sa ferme avec la joie de la démocratie chantant dans son cœur. »

C'est ainsi que bien que séparées de l'Etat, et parce que séparées de l'Etat, les Eglises ont rendu au gouvernement américain des services désintéressés, qu'une armée de fonctionnaires n'aurait jamais été capable d'accomplir.

VII. La générosité des chrétiens américains

Nous n'accumulerons point les chiffres pour prouver la grande libéralité des chrétiens américains. Aussi bien les chiffres sont quelque chose de relatif ; les millions de dollars dont nous éblouissent les statistiques financières des Etats-Unis ne sont pas toujours aussi énormes qu'il peut paraître étant donné la grandeur et la richesse du pays. Telle modeste offrande d'une de nos pauvres congrégations de France ou de Belgique représente en réalité un don plus important.

Néanmoins, on ne peut pas ne pas être ému en

constatant avec quelle générosité inlassable les chrétiens américains ont répondu aux multiples appels des sociétés de secours de guerre. Il fallait voir dans un journal comme le « New-York Times » la liste interminable et sans cesse allongée des organisations qui collectaient pour les soldats et pour les orphelins, pour les prisonniers et pour les veuves, pour la Belgique, la France, la Serbie, les Arméniens et Syriens, l'Italie, etc., sans parler des « drives » ou collectes gigantesques en faveur des « Y. M. C. A. » et œuvres similaires, comme en faveur de la Croix-Rouge.

Ce sont les Eglises qui donnèrent l'exemple de cette générosité. Un organisateur des appels de secours écrit très justement : « Votre peuple, qu'il en soit conscient ou non, suit toujours l'initiative prise par les Eglises. Chaque fois qu'une Eglise organise une collecte ou qu'un pasteur fait un appel, cela stimule beaucoup de donateurs isolés et le résultat en est multiplié. » Le génial organisateur des œuvres de guerre, M. Herbert C. Hoover, qui n'est guère un « homme d'Eglise », a rendu ce témoignage :

« La Fédération des Eglises Protestantes américaines a rendu des services signalés et urgents. Ne laissez pas décroître ce mouvement. Cela n'arrivera pas, si seulement les chrétiens d'Amérique savent quelle est la situation ! »

Les Eglises, non contentes de donner le branle à la générosité publique, ont payé largement de leur argent. Sans parler des œuvres religieuses et confessionnelles qui ont reçu de plus en plus leur appui, les protestants ont été les principaux souscripteurs pour toutes les œuvres philanthropiques, neutres, sociales ou même cléricales. Si l'on tient compte de la très grande libéralité de certains Juifs et de très honorables exceptions dans les milieux catholiques et non religieux, il n'en reste pas moins vrai que la grande masse des secours de guerre de tous genres est sortie des poches protestantes.

En ce qui concerne le « Belgian Relief », par exemple, je pourrais évoquer à l'appui le témoignage de M. le Baron Cartier de Marchienne, ministre de Belgique à Washington pendant la guerre, comme de tous les cousuls belges que j'ai rencontrés aux Etats-Unis et au Canada et de toutes les personnes qui se dévouèrent à recueillir des dons pour les Belges. Nous avons été surpris autant qu'ému de l'unanimité absolue de ces constatations.

Malgré la prospérité très générale de la population des Etats-Unis, que l'on ne s'imagine pas que les dons étaient faits uniquement par des milliardaires ! A côté de quelques souscriptions sensationnelles d'archi-millionnaires, la majorité des secours provenait de dons consciencieux de gens modestes, qui retranchaient non seulement sur leur superflu, mais sur leur nécessaire. Voici quelques exemples typiques entre des millions d'autres :

Une petite congrégation à Owings (Caroline du Sud) composée de 40 membres peu fortunés, dont la moitié étaient des enfants, fournit la somme de 40 dollars par mois ;

Une grande Eglise à Hlyoke (Massachussetts), avait donné déjà en avril 1917, 30.000 dollars, tout en petites souscriptions hebdomadaires ;

Une Eglise d'ouvriers à Pittsburg donnait 50 dollars par mois ;

Un missionnaire américain en Corée envoya plus de 1.000 dollars offerts par ses Coréens ;

Un pasteur épiscopal reçut un héritage de 1.000 dollars ; estimant qu'il pouvait s'en passer, malgré son modeste traitement, il demanda à l'envoyer « de l'autre côté », là où la misère était la plus grande ;

Un domestique envoya 20 dollars en réponse à un appel pour les Eglises Protestantes françaises ;

Une fiancée qui avait décidé de dépenser une certaine somme pour son trousseau, estima qu'elle pourrait s'en tirer avec 100 dollars de moins et elle donna cette somme pour une œuvre de guerre ;

Un professeur de théologie donna régulièrement 10 dollars par mois.

Les chrétiens américains ont appris à donner *systématiquement*. Beaucoup d'entre eux, riches ou peu fortunés, mettent à part la « dîme » de leurs revenus pour être distribuée en bonnes œuvres : on est étonné de ce qu'on arrive à donner avec cette méthode-là ! Bien que la constance dans l'effort ne soit pas le trait dominant du caractère américain, nous avons été touchés de voir avec quelle inlassable persévérance tant de chrétiens d'Amérique ont versé régulièrement pendant toute la longue durée de la guerre les contributions auxquelles ils s'étaient astreints. Il y a là pour nos Eglises de langue française un admirable exemple de consécration pratique et conséquente au service de Dieu.

De tous les appels de fonds adressés en si grand nombre au peuple américain, les plus populaires furent toujours ceux pour la France et pour la Belgique. Malgré les apparences contraires et les informations d'une presse superficielle, des sentiments de sympathie profonde envers nos deux nations sœurs sont toujours aussi vivaces au cœur de l'élite américaine.

Lançant l'appel en faveur du « Fonds de trois millions de dollars » pour secourir les œuvres protestantes de France et de Belgique, le Président du « Federal Council », le Rév. Dr Frank Mason North, écrit :

« Le devoir présent des Eglises Américaines envers le protestantisme français est :

« 1) de reconnaître l'importance des forces protestantes actuellement à l'œuvre en France, tant pour la France elle-même que pour l'évangélisation du monde ;

« 2) de former des sympathies qui se développeront en une amitié durable au service de l'Evangile ;

« 3) de fournir des ressources plus considérables pour les œuvres de secours et de restauration ;

« 4) par une coopération sympathique et généreuse, d'aider au déploiement complet des forces évangéliques actuelles dans les œuvres d'éducation, de mission et d'action sociale, tant celles des Eglises dites « historiques » que des Eglises établies plus récemment, en maintenant toujours l'unité d'esprit, l'entente dans les plans, la collaboration dans l'action, l'enthousiasme conquérant et la tolérance mutuelle. »

A cela, le D[r] Ch. S. Macfarland ajoute :

« Il est évident que la France sortira de cette guerre plus puissante que jamais ; son influence morale dans le monde sera énorme. Il en résulte que la vie religieuse et le développement de la France ont une grande importance pour l'Europe toute entière, pour le monde chrétien en général et pour beaucoup de champs de missions.

« Les Eglises Protestantes de ce pays ont une histoire, des traditions, une succession apostolique, une puissance de personnalité, une maîtrise lumineuse des principes religieux, une importance numérique, qui peuvent faire d'elle les fondements d'un grandiose édifice religieux en France... Il n'y a pas de christianisme social en France en dehors de celui qui est inspiré et dirigé par des « leaders » protestants...

« Dieu a ouvert devant l'Amérique une porte en France et en Belgique. »

Il est intéressant de mentionner que les Eglises Protestantes d'Amérique ont donné de 1918 à 1920 environ *cinq millions* de francs pour aider les

Eglises Protestantes de France et de Belgique à se relever des ruines de la guerre et, en particulier, pour rebâtir les temples détruits. Ces sommes ont été mises à la disposition d'un Comité Franco-Belge qui les a réparties librement, suivant l'ordre d'urgence des besoins. Si elles n'ont pas eu toute l'importance que les Eglises Protestantes Américaines auraient désiré, elles constituent cependant un magnifique et généreux témoignage de fraternité chrétienne.

VIII. La période d'après-guerre

Déjà en pleine guerre, les Eglises américaines se préoccupaient des problèmes de la *reconstruction*. Il faut avouer que nos amis américains avaient la tête plus libre que nous et pouvaient se permettre le luxe de spéculations d'avenir : leur pays ne fut jamais ni envahi, ni même menacé ; leur vie économique fut relativement peu troublée, les souffrances et les deuils de la guerre leur furent en grande partie épargnés. On abusa aussi bien vite du terme « reconstruction » ; une Eglise de l'Ouest voulait-elle repeindre sa façade ou se payer le luxe de nouvelles orgues, elle lançait une collecte de reconstruction ; telle Œuvre féminine voulait s'octroyer un bassin de natation au moyen de fonds de secours de guerre, sous prétexte de reconstruction ; certains marchands qui sont en liquidation chronique, affichaient en énormes lettres des « Reconstruction Sales » ! Néanmoins, reconnaissons qu'il y a là une caractéristique de la mentalité américaine qui est habituée à voir en grand, à embrasser de vastes horizons, à prévoir l'avenir.

Dans son Programme de Guerre pour les Eglises de la campagne la « General War Time Commission of the Churches » disait déjà en 1917 :

« Il n'est pas prématuré de penser aux problèmes de la reconstruction qui suivra la guerre... Si la tâche immédiate est de gagner la guerre, ce qui est la condition première de toute réforme, la tâche dernière est de reconstituer les relations internationales sur une base chrétienne... La seule issue possible, c'est que le monde change de cœur, de telle façon que la rapacité individuelle et nationale soit remplacée par le dévouement à la prospérité humaine et au progrès social. Cela, nous pouvons l'accomplir *pendant* la guerre... L'Eglise a devant elle son occasion suprême ; pour être à la hauteur, l'Eglise doit être inspirée d'En-Haut et intensément active. »

§ I. **Le retour des soldats.** — La première tâche fut celle présentée par le retour des soldats. Les Eglises voulurent avoir une place éminente parmi les organisations qui s'apprêtaient à faire accueil aux guerriers victorieux : « Ce qu'ils ont le droit d'attendre de nous, nous devons le faire promptement et avec ensemble », déclare la « War Time Commission ». Saluons-les par des actes plus encore que par des paroles : préparons pour eux une place pour travailler et un travail digne d'eux. Puissent-ils trouver une Eglise vivante, active, décidée, unie, consacrée de cœur et d'âme à l'achèvement de la tâche qu'ils ont commencée : libérer l'humanité de la tyrannie de la force brutale et établir un nouvel ordre social dans lequel les hommes et les nations vivront ensemble dans la liberté, la justice, la fraternité et la paix. »

On ne se contente pas de phrases ronflantes et enflammées : on donne aux Eglises et aux pasteurs des conseils très pratiques. Le pasteur invitera les soldats dès leur arrivée ; il priera les familles de lui envoyer les jeunes gens « dès qu'ils auront embrassé leurs parents, frères et sœurs » ! Le pasteur aura tout de suite un travail à leur proposer dans l'Eglise : un service spécial organisé pour eux et la promesse d'une tablette commémorative dans le temple avec leurs noms ; il s'imposera comme un « leader » à ces hommes habitués à être commandés ; il leur fera sentir la reconnaissance de l'Eglise envers eux ; il les amènera à comprendre que ce sont les Eglises qui ont rendu possible l'œuvre des Unions, de l'aumônerie dont ils ont bénéficié ; il les groupera en sociétés d'étude ; il poussera les hommes qualifiés vers le pastorat, le secrétariat unioniste et les autres activités chrétiennes.

Ce fut avec un saint tremblement que les chrétiens américains attendirent le retour des « Croisés de Pershing ». Avec une idéalisation que les faits ne confirmèrent pas toujours, les Eglises se préparèrent à offrir à ces jeunes héros un milieu digne de leur nouvel idéal de sacrifice et de dévouement. On attendit également d'eux un renouveau, un christianisme plus pratique, plus vivant, plus en rapport avec les réalités de la vie et de la mort, plus concentré sur les principes essentiels de l'Evangile. La crainte et l'espérance se mêlaient dans cette attente émue.

Des brochures et des traités furent distribués aux soldats à leur débarquement pour les encourager à se « coller à l'Eglise », à rester ou devenir membres actifs d'une congrégation quelconque. Des recommandations et conseils furent envoyés à tous les pasteurs des Etats-Unis. On se préoccupa d'organiser la rééducation des estropiés.

Il y eut sans doute quelques désillusions. Tous les hommes ne s'étaient pas fait du bien à l'armée et en France. Tous ne revenaient pas de la grande aventure, comme on s'y attendait, « plus grands d'esprit et de cœur, meilleurs en pensées et en actions, disciplinés pour le bien. » Les soldats rendus à la vie civile ne paraissaient avoir transformé ni la théologie, ni la vie pratique de leurs Eglises. Mais, si toutes les espérances ne se sont pas réalisées, cette naïve et touchante confiance en leur « boys », cet optimisme juvénile qui veut voir les beaux côtés de l'horrible guerre n'auront pas été sans résultats spirituels pour nos frères américains. A cela s'ajoute la consécration nouvelle de tant de jeunes hommes qui ont appris le peu de valeur de la fortune et de la vie en elles-mêmes, la joie du sacrifice de soi-même, le privilège de servir une grande et noble cause : n'est-ce pas là l'essence même du Christianisme ? Et parmi eux combien renoncent à la poursuite égoïste des biens matériels pour devenir des « Croisés de la Paix » et s'engagent comme volontaires dans les vastes entreprises missionnaires que les Eglises américaines peuvent lancer en s'appuyant sur les habitudes de générosité prises par leurs membres pendant la guerre ?

§ II. **La tâche sociale des Eglises américaines.** — Dans tous les pays la guerre a mis la structure sociale et politique de la Société à une rude épreuve et en a révélé les fissures et les points faibles. Nos amis américains ont fait comme nous des expériences douloureuses, mais bénies. Cela est vrai surtout des chrétiens qui s'efforcent de juger de toutes choses au plus près de leur conscience et selon la vérité. Avec une nouvelle conviction de la grandeur et de la puissance de leur patrie, ils ont mieux senti les tares de leur vie nationale ; le contact avec les nations européennes, et particulièrement avec la France, a modifié favorablement leur jugement des peuples étrangers, les « Aliens » qu'ils avaient connus surtout par des immigrants plus ou moins intéressants ; on rencontre chez les chrétiens américains infiniment moins qu'en 1915-1917, cette naïve et touchante assurance de la supériorité absolue de l'Amérique, de ses conceptions et de ses méthodes.

Dans un message officiel, le « Federal Council »

déclare : « Si nous voulons promouvoir la cause de la démocratie dans le monde, nous devons *d'abord* en donner l'exemple dans notre gouvernement et notre organisation industrielle. » Et encore : « La Fédération des Eglises Protestantes américaines affirme que l'idéal chrétien de l'Etat ne peut se réaliser si les principes démocratiques ne sont pas appliqués à l'industrie. Les Eglises doivent donc appuyer toute mesure qui tend à démocratiser les relations économiques... Tandis que nous proclamons la justice et la miséricorde à l'étranger, n'oublions pas d'exercer la justice et la miséricorde chez nous. A quoi servirait-il à notre nation de gagner le monde entier, si nous perdons notre propre âme ? »

Avec courage et énergie, les Eglises américaines se sont donc tracé un programme de réformes sociales d'après-guerre Dans la séance du « Federal Council » de mai 1919, à Cleveland, nous entendîmes développer et accepter ce beau programme social :

Légalité des syndicats, journée de huit heures, salaire minimum, égalité de salaires pour les hommes et pour les femmes, abolition complète du travail des enfants, suppression du travail de nuit pour les femmes, assurances contre le chômage et les accidents, participation aux bénéfices et participation des ouvriers à la direction des entreprises industrielles, sauvegarde physique et morales pour les mères et leurs nourrissons.

Les mêmes idées furent préconisées à une Conférence industrielle nationale, qui fut convoquée à New-York les 2 et 3 octobre 1919 par le « Federal Council » et à laquelle assistèrent des pasteurs, des industriels, des chefs travaillistes, des économistes, des « social service workers ». Un Bureau de Conférenciers fut établi pour envoyer des orateurs chrétiens dans toutes les réunions commerciales ou industrielles importantes, afin d'y présenter la solution chrétienne des problèmes du temps présent. En un seul mois, le Bureau fut représenté à 160 de ces assemblées. Il aura bientôt 6.000 orateurs à sa disposition ; on espère arriver à mobiliser 500.000 « Minute Men », ou orateurs parlant quelques minutes dans les théâtres, cinémas, Eglises, clubs, assemblées politiques, syndicats ouvriers, etc.

Un « *Committee on Social Hygiene and Sex Morality* » a été établi par les Eglises. Ses représentants ont coopéré directement avec les autorités fédérales dans le mouvement contre les maladies vénériennes. Une propagande par le film cinématographique a été organisée et l'on se préoccupe activement de fournir au peuple des amusements sains et de remplacer avantageusement le « salon du peuple », le cabaret frappé de mort par la prohibition. Le Comité en question a préparé un projet de loi fédérale imposant à tout candidat mâle au mariage l'obligation de fournir un certificat médical le déclarant indemne de maladie vénérienne.

Un des problèmes sociaux et politiques les plus graves des Etats-Unis est celui des Noirs ou « *co-*

loured people ». Les citoyens de race africaine représentent environ 10 0/0 de la population totale et dans certaines régions du Sud cette proportion monte à 50, 75 et 85 0/0. Dans les Etats du Sud, il y a 9 millions de Noirs parmi 24 millions de Blancs. Depuis leur émancipation de l'esclavage, il y a cinquante ans, les Noirs se multiplient ; ils s'instruisent (le pourcentage d'illettrés a passé de 90 à 30 0/0) ; ils deviennent indépendants économiquement (1 million de Noirs sont des fermiers plus ou moins indépendants et ils possèdent en toute propriété 10 millions d'hectares de terres fertiles). Pendant la guerre, les troupes noires ont joué un rôle glorieux, que l'imagination tropicale de leurs congénères colore encore davantage ! Ayant été à la peine, le soldat noir exige d'être à l'honneur ; s'il était assez bon pour mourir pour la patrie américaine, celle-ci doit lui donner le droit de vivre comme les autres citoyens de la Grande République.

A la suite des « pogroms » contre les Noirs à St-Louis en 1919, dans une manifestation silencieuse, les victimes de l'intolérance blanche portaient une bannière avec cette inscription : « Interpret to us in loving living acts the religion of Jesus-Christ » (Interprétez-nous la religion de Jésus-Christ en des actes tangibles d'amour). Avec décision et courage, les Eglises américaines ont répondu à l'appel muet de leurs frères noirs. Après avoir étudié cette délicate question dans une conférence spéciale, le Federal Council publia, en septembre 1919, une Proclamation au peuple américain, dans laquelle les principes suivants sont préconisés :

« Garanties égales et impartiales de vie et de propriété à toutes les races ; justice économique assurant aux Noirs des chances égales dans l'embauche du travail, des gages suffisants et des conditions de travail équitables ; la protection et le respect du foyer et de la femme nègre ; création de lieux de récréation et de délassement ; développement des moyens d'éducation pour les enfants et la jeunesse noire ; égalité de confort dans les moyens de transport à prix égal. » (1).

On fait appel au sentiment chrétien du peuple et on attire l'attention des membres des Eglises sur la grande responsabilité qui leur incombe de sauver l'honneur du Christianisme en assurant la justice à leurs frères de race dite inférieure.

§ III. La tâche religieuse des Eglises américaines. — Les expériences de la guerre ont attiré l'attention des chrétiens américains sur l'importance primordiale de l'œuvre religieuse proprement dite : « Nous avons commis l'erreur, déclare un grand Evangéliste, de compter trop sur l'action sociale et sur les méthodes administratives et commerciales. Maintenant nous devons faire sonner la note religieuse. »

---

(1) Ceux qui ont voyagé dans les Etats du Sud savent que les « Coloured » (et cela comprend les métis de la teinte la plus blanche) ne peuvent entrer dans les Pullman Cars (wagons-salons, lits et restaurants) et que les voitures dans lesquelles ils sont parqués, bien que payant le même prix, sont souvent misérables.

Un approfondissement de la vie religieuse parfois superficielle, le contact avec des nations non protestantes, ont fait comprendre aux chrétiens américains ce que leur pays devait à leurs Eglises. Sans se « départir de leur admirable tolérance à l'égard de leurs frères romains », ils ont saisi sur le fait l'infériorité des peuples catholiques ; ils ont vu que tout ce qu'il y avait de bon dans leur propre nation était le fruit direct de l'Evangile et ne pouvait leur être conservé, ni être développé, que par l'action directe de l'Evangile.

Pour tirer les leçons religieuses de la grande guerre, il fut institué un « *Committee on the War and the Religious Outlook* ». Sa tâche est d'« étudier l'état de la religion telle qu'elle a été dévoilée et affectée par la guerre, en vue de préparer l'Eglise à répondre à l'occasion et au devoir présent. »

Une remarquable bibliographie des questions religieuses et la guerre donne une énumération systématique et raisonnée des publications diverses de langue anglaise jusqu'au 1er janvier 1919. Une série de jolies brochures, écrites par des hommes de premier ordre, traitent de questions telles que les suivantes : La Guerre et la Religion (Robert E. Speer), Les Principes chrétiens essentiels au Monde nouveau (W. H. P. Faunce), Le Message de l'Eglise à la Nation (H. E. Fosdick), Les principes chrétiens de la reconstruction industrielle (Evêque F. J. Mc. Connell), La Guerre et le point de vue féminin (Miss R. E. Mc. Culloch), etc

Il y a là une mine d'idées saines et originales sous une forme très claire et dans un style condensé.

Les aspects chrétiens de la reconstruction économique (H. N. Stenton), Le nouveau devoir missionnaire (W. P. Shriver), L'Eglise locale après la guerre (C. W. Gilkey), La Tâche éducatrice de l'Eglise à la lumière de la Guerre (W. M. Mackenzie), etc.

Les chrétiens américains ont compris qu'ils devaient approfondir la vie religieuse de leurs Eglises, leur rendre plus réelle la présence divine, mettre plus de vie intense et d'esprit de prière dans la formidable machine ecclésiastique, unifier davantage encore le protestantisme sans broyer la personnalité et l'esprit d'initiative des communautés dans les rouages administratifs.

§ IV. **Les responsabilités internationales des Etats-Unis.** — La guerre a donné aux chrétiens américains le sens de la solidarité internationale et le désir de « christianiser les relations entre nations ». Ils ont saisi que « les nations sont voisines, membres de la même grande famille humaine » ; qu' « aucune nation n'est complète par elle-même, ni ne peut atteindre le maximum de vie en dehors de relations normales avec le reste de l'humanité » ; que « le désintéressement est enjoint aux nations tout autant qu'aux individus » ; que « toutes les races et toutes les nations, grandes ou petites, ont le même droit de participer aux richesses du monde et de diriger librement le développement de leur vie dans une harmonieuse coopération, avec le reste de l'humanité. » Il en résulte que « les chrétiens de tous les pays devraient collaborer à l'établissement d'une organisation chrétienne internationale, afin de faire pénétrer les principes de justice et de bonne volonté universelles dans les lois, les institutions et dans les coutumes qui règlent les relations entre gouvernements. »

Durant la guerre déjà, et surtout depuis l'armistice, les Eglises firent une propagande intense en faveur de la Société des Nations. Aucun autre organisme ne fit autant que les Eglises Protestantes pour favoriser cette idée que préconisaient le Président Wilson, l'Ex-Président Taft et bien d'autres hommes influents.

Ils y voyaient d'abord une nécessité inéluctable : « Nous sommes unis au monde, disait le Dr Robert E. Speer à Cleveland, par des liens qui ne peuvent se dissoudre. Ceux qui nous conseillent de nous séparer du reste du monde, parlent simplement contre une marée irrésistible. »

Mais à cela s'ajoutent des raisons religieuses :

« Les considérations qui nous poussent vers ce but grandiose sont fondamentalement et essentiellement religieuses... Comme chrétiens nous devons croire que les nations peuvent s'aimer même à travers les Océans et l'Eglise chrétienne doit donner l'exemple de cette affection. »

Et quelle douleur ressentirent nos frères américains, quand ils virent les représentants de leur nation refuser de se charger de leurs responsabilités internationales et compromettre la cause pour laquelle tant de vaillants de tous les peuples avaient joyeusement sacrifié leur vie !

Ils ne craignirent pas de se prononcer dans une question qu'avait malheureusement accaparée et envenimée la pire politique de parti. Sans se demander s'ils n'allaient pas diviser leurs Eglises, les rendre peut-être impopulaires auprès des masses mal éclairées de leurs concitoyens, se mêler de questions politiques hors du domaine de la religion, ils protestèrent véhémentement et sans relâche contre l'aveuglement de leurs Sénateurs. Des meetings furent organisés partout, des pétitions couvertes de signatures, des démarches solennelles faites à Washington auprès du Président et des leaders du Sénat. En décembre 1919, 14.450 pasteurs signèrent une pétition demandant « la ratification du traité de Versailles sans amendements et sans réserves qui nécessiteraient la reprise des discussions avec l'Allemagne et l'entrée immédiate des Etats-Unis dans la Ligue des Nations. »

Les sentiments de millions de chrétiens américains nous ont été exprimés par les déclarations de deux hommes « représentatifs », le Dr Ch. S. Macfarland et le Dr Arthur J. Brown. Nous le citons en partie :

Dr Macfarland : « Je n'hésite pas à déclarer que non seulement la portion la plus éclairée et la mieux informée du peuple américain dans son ensemble, désire vivement que notre nation prenne sa part des responsabilités internationales et qu'en cette matière le peuple est d'accord avec l'idéal présenté devant la conférence de la paix par le Président Wilson.

« Ceci est tout à fait distinct de la question de savoir si personnellement on approuve ou non l'activité du Président Wilson ou les méthodes qu'il a employées.

« C'est aussi sans hésitation que j'affirme que ni les décisions du Sénat, ni l'attitude du Président n'expriment l'opinion et la volonté de notre peuple.

« Si l'on veut estimer équitablement l'état d'esprit de notre peuple, il faut se rapporter à la situation telle qu'elle existait en 1918. Les intentions de notre nation en ce qui concerne l'établissement du règne de la justice sur la terre n'ont pas changé, et pas plus qu'alors nous ne désirons éviter égoïstement de prendre nos responsabilités.

« Dans leur ensemble, les Américains déplorent que les questions du Traité de paix et de la Ligue des Nations aient été obscurcies par la politique de parti et mêlées à des campagnes électorales. Ils pensent que ces problèmes seraient bien mieux solutionnés s'ils étaient examinés en eux-mêmes par une assemblée de véritables conducteurs de la nation, si c'était possible et comme cela devrait l'être.

« Finalement, c'est la volonté du peuple qui prévaudra. On doit se rappeler que nous fûmes très lents à cristalliser les sentiments qui nous amenèrent à la guerre. Toute évolution vraiment démocratique est nécessairement lente. Néanmoins, le jour vient où vous verrez les Etats-Unis d'Amérique prendre leur place loyalement, fidèlement et sans réserve dans le Conseil des Nations pour établir la paix et la justice non seulement en Amérique, mais dans toutes les parties du monde. »

Voici enfin les déclarations du Rév. Dr Arthur J. Brown, secrétaire du Comité presbytérien des Missions Etrangères, président du Comité des relations entre la France et la Belgique, du Conseil Fédéral des Eglises du Christ d'Amérique :

« Je crois important que nos amis d'Europe sachent que beaucoup d'Américains sont profondément peinés et indignés de ce qu'a fait le Sénat.

« Je suis de ceux pour qui le traité de Paix n'est pas un document parfait. Néanmoins j'appuie fortement son adoption puisqu'il représente le seul moyen de mettre un terme aux incertitudes intolérables et à la situation littéralement désastreuse de l'Europe et de l'Asie occidentale ; en particulier parce que ce Traité comprend le Pacte de la Société des Nations, qui est notre meilleur espoir pour l'avenir.

« Je considère la manière d'agir du Sénat comme la plus humiliante que l'histoire américaine ait connue.

« Un patriotisme égaré clame à grands cris : « américanisons le Traité ! » Pourquoi les Français ne diraient-ils pas : « francisons-le ! » et les Italiens : « italianisons-le ! » et les Japonais : « japonisons-le ! »

« Pourquoi chaque nation ne ratifierait-elle pas le Traité avec les réserves tirées de ses craintes ou de ses intérêts ?

« Imaginez ce qu'éprouveraient les Américains, si les Japonais avaient accompagné leur ratification du Traité d'une déclaration portant que les Etats-Unis devraient accorder immédiatement l'indépendance aux habitants des îles Philippines, ou les Britanniques, de la réserve que les Américains devaient cesser de lyncher les nègres !

« Toute l'affaire est lamentable au dernier point !

« J'espère qu'il y aura une vague d'indignation publique qui submergera les opposants étroits et mal inspirés et montrera au monde que les Etats-Unis, après avoir aidé à gagner la guerre, ne vont pas maintenant s'enfuir et laisser l'Europe se débattre seule contre de terribles difficultés, dans son effort pour restaurer un continent dévasté et sauver un monde menacé de ruine ! »

Nous avons certes encore le droit de critiquer sévèrement les Etats-Unis pour avoir « lâché » les Alliés et avoir laissé l'Europe se débattre seule dans les difficultés de l'après-guerre. Mais, nous ne pouvons plus en faire de reproche aux Eglises protestantes américaines ; elles se sont désolidarisées de leur gouvernement sur ce point. Plût à Dieu que les chrétiens évangéliques de France et de Belgique eussent toujours su avertir aussi fidèlement leurs gouvernements et leurs peuples des erreurs commises et dégager aussi complètement leur responsabilité morale !

Au lieu de nous livrer à des considérations générales, contentons-nous de souligner en terminant le caractère optimiste et conquérant de la piété américaine. Nos frères américains littéralement ne doutent de rien. Ils se trompent parfois ; ils font de dures expériences à leur dépens, ou à celui des autres. Mais en tout cela, ils agissent avec une parfaite sincérité, toujours prêts à reconnaître leurs erreurs de détail pour poursuivre inlassablement et par les moyens les plus directs et les plus puissants l'idéal qu'ils se sont assigné et qu'ils ont placé très haut.

Il n'exagérait nullement ce professeur de l'Université de New-York qui déclarait récemment : « Sans les Eglises, aucune grande réforme ne peut réussir en Amérique. Avec leur appui, on ne peut imaginer rien qui soit impossible. »

Tout n'est certes pas bon aux Etats-Unis et tout n'y est pas à imiter sans réserves ; mais ce qui est digne de notre admiration et de notre imitation dans les idées et dans les institutions américaines, provient de l'influence séculaire des Eglises du Christ et en particulier de celles issues de la Réforme.

Henri ANET.

TABLE DES MATIÈRES

CAHORS, IMP. COUESLANT (*personnel intéressé*). — 23.760

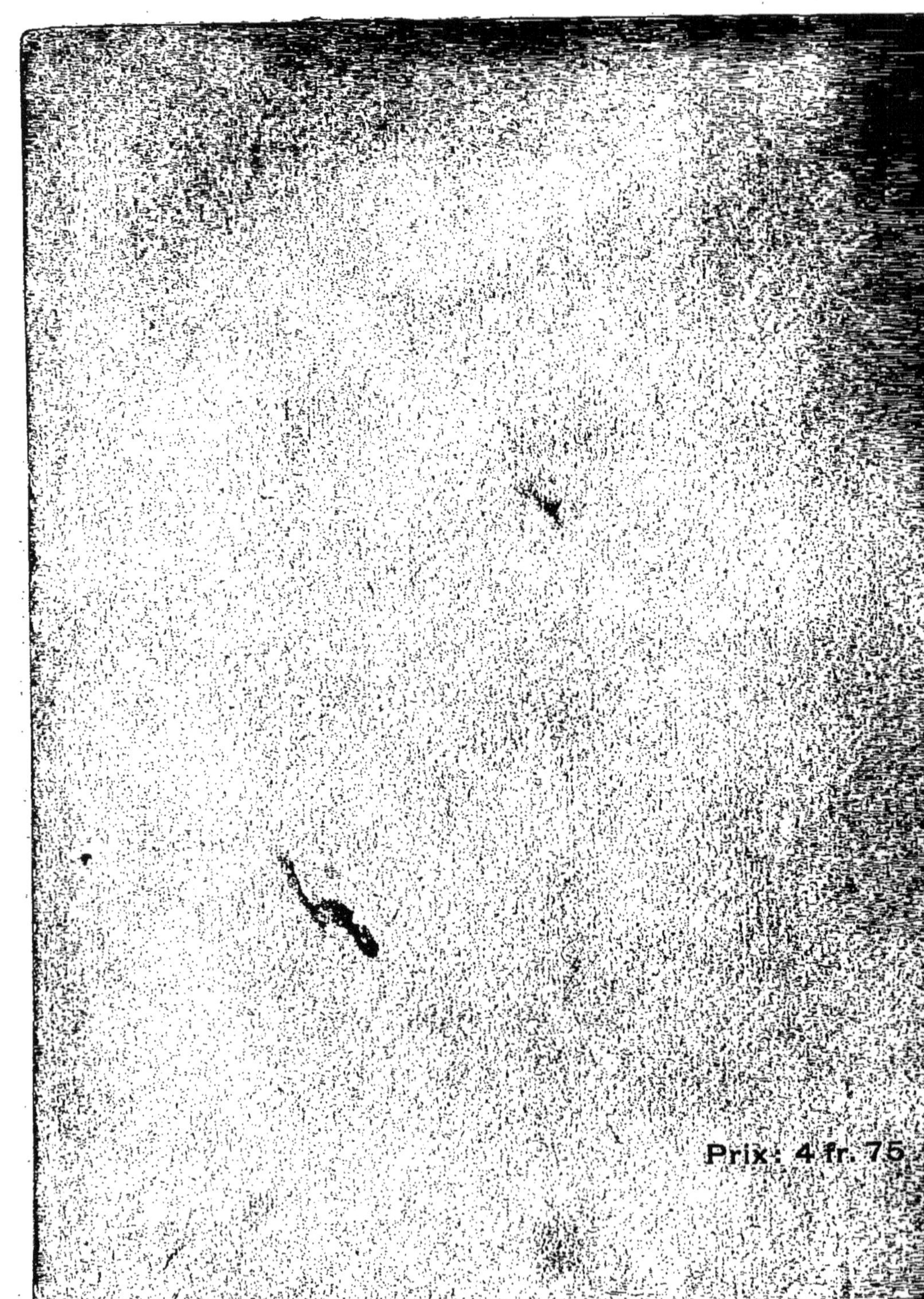
Prix : 4 fr. 75

www.ingramcontent.com/pod-product-compliance
Ingram Content Group UK Ltd.
Pitfield, Milton Keynes, MK11 3LW, UK
UKHW022104260726
13993UKWH00001B/320

9 782329 205786